『碳中和行动指南』系列

金融碳中和行动

"双碳"愿景下的绿色金融创新路径

冀志磊 刘彪
周锐 | 著

U0319482

化学工业出版社

·北京·

内 容 简 介

本书立足于我国实现"双碳"目标的战略愿景，详细梳理了国际绿色金融的发展实践与经验启示，全面阐述了我国绿色金融领域的政策体系、模式路径与实践策略，涵盖绿色信贷、绿色债券、绿色证券、绿色保险、转型金融、碳交易、碳金融、可持续金融、ESG投资等各细分领域的绿色金融实践路径与发展趋势，揭示了"双碳"愿景下我国绿色金融应如何赋能经济社会实现低碳转型，指导传统金融业应时而变、加快推进绿色低碳转型。

本书适合金融行业的从业人员、IT行业的科技人员及各级管理者阅读，也适合高等院校经济、金融、管理等相关专业师生以及对金融科技感兴趣的大众读者阅读。

图书在版编目（CIP）数据

金融碳中和行动："双碳"愿景下的绿色金融创新
路径 / 冀志磊，刘彪，周锐著 . —北京：化学工业出版社，
2023.6（2024.11重印）
（碳中和行动指南）
ISBN 978-7-122-43332-9

Ⅰ.①金… Ⅱ.①冀…②刘…③周… Ⅲ.①金融业 –
绿色经济 – 研究 – 中国 Ⅳ.① F832

中国国家版本馆 CIP 数据核字（2023）第 070634 号

责任编辑：夏明慧 装帧设计：卓义云天
责任校对：李雨晴

出版发行：化学工业出版社（北京市东城区青年湖南街 13 号 邮政编码 100011）
印 装：北京科印技术咨询服务有限公司数码印刷分部
710mm×1000mm 1/16 印张 16½ 字数 220 千字 2024 年 11 月北京第 1 版第 2 次印刷

购书咨询：010-64518888 售后服务：010-64518899
网 址：http://www.cip.com.cn

凡购买本书，如有缺损质量问题，本社销售中心负责调换。

定 价：79.00 元

❖ 序 言 ❖

初春时节，我有幸受到了冀志磊、周锐的邀请，为他们与刘彪教授的新作《金融碳中和行动："双碳"愿景下的绿色金融创新路径》一书作序。读罢本书，作为一位绿色金融领域的研究者，我既看到了作者深厚的学术功底，亦深感绿色金融的发展已由"冷"至"热"，显示出勃勃生机。

2023 年的全国两会上，绿色低碳是代表委员们最为关注的话题之一，他们围绕绿色金融发展、碳市场建设、ESG 信息披露等提出不少建议和提案。党的二十大报告也明确提出了"推动绿色发展，促进人与自然和谐共生"的发展要求。在全球绿色经济复苏、"双碳"目标向纵深推进的双重推动下，中国坚持以绿色金融诠释构建人类命运共同体的深刻内涵，通过建立健全绿色低碳循环发展经济体系，促进经济社会实现全面绿色转型，助力全国乃至全世界实现可持续发展目标。

近年来，我国绿色金融发展取得了举世瞩目的成就，为推进绿色产业发展贡献了力量。我国已初步形成绿色贷款、绿色债券、绿色保险、绿色基金、绿色信托等多层次的绿色金融产品和市场体系。

截至 2022 年末，我国本外币绿色贷款余额达 22.03 万亿元，同比增长 38.5%；2022 年，我国境内绿色债券新增发行规模为 8746.58 亿元，发行数量为 521 只，碳中和债、蓝色债券、绿色乡村振兴债券、绿色熊猫债券、可持续发展挂钩债等创新产品的稳定发行也为绿色债券市场持续注入新活力，支持生物多样性保护、蓝色金融发展以及对个人碳账户探索成为金融机构的关注重点；政府有关部门、行业协会、金融机构等亦积极搭建绿色金融国际交流平台，并在 G20 可持续金融工作组、国际可持续金融平台（IPSF）、央行与监管机构绿色金融网络（NGFS）等平台上针对绿色金融标准、信息披露、压力测试等重点领域开展了卓有成效的合作。

与此同时，在新旧动能转化的过程中也必须要关注能源结构绿色化、高碳行业低碳化转型。转型金融作为绿色金融的有效补充，近年来也备受关注，并已有相关实践，为高碳行业的转型发展提供了支持。此外，在ESG、碳市场及碳金融、生态产品价值实现等领域也已有相关实践，有力地支持了经济的绿色低碳转型。

《金融碳中和行动："双碳"愿景下的绿色金融创新路径》一书对我国绿色金融发展进行了系统梳理，详尽介绍了我国绿色金融的顶层设计、标准体系、产品创新、地方实践及国际合作，针对绿色金融发展面临的主要问题提出了解决方案。

书中还对转型金融的相关概念进行了介绍，对完善转型金融发展提出了意见和建议，特别是对企业转型金融的应用实践进行了探索。同时，围绕碳金融与碳交易、ESG 理论与投资实践、金融科技赋能绿色金融发展等前沿议题展开了探讨。

全书通过理论框架构建、顶层设计梳理、问题阻碍辨析、典型案例分析、国际经验介绍，深入而全面地对我国绿色金融如何有效支持"双碳"目标的实现展开了讨论，兼顾理论与实践，无论是对关心绿色发展的大众读者来说，还是对相关领域的研究者、金融机构从业人员、企业负责人来说，都具有较高的实用价值。

实现碳中和需要大量的绿色低碳投资，而当下我国的绿色投资仍持续存在巨大资金缺口，因此，引导更多的公共和私人资本流入绿色低碳领域仍是最迫在眉睫的问题。金融机构需持续发挥优化金融资源配置的能力，通过绿色债券、绿色信贷、绿色基金、绿色保险、碳权益等多种形式，撬动民间绿色投资，引导更多社会资本参与绿色低碳相关项目投资，缓解环境问题对于财政的压力，推动国内绿色产业发展。

大力发展绿色金融是中国以及全球经济社会高质量发展的必然选择，绿色金融将有效引导更多的公共和私人资本流入相关投资中，并有效支持碳中和及可持续目标的实现。应对气候变化的紧迫性要求世界各国调整政策和发展方向，建立积极有效的合作机制，加大推动全球可持续发展的力度。

更重要的是，我国经济社会的绿色低碳转型发展不仅需要资金、技术的大力支持，还需要社会各界的广泛参与，特别是既懂产业又懂金融的跨领域人才，需要他们基于专业知识和丰富经验展开前沿探索研究，为绿色金融的深度发展提供智力支持。而本书正是基于作者在金融领域的学术及实践积淀，经深度思考后撰写而成的，想必能够给绿色金融领域涉及的各利益相关方带来一些启发。

我也期待本书的作者能从自身的工作及研究领域出发，在现有研究的基础上持续深化，积极创新，为丰富绿色金融内涵、推动经济高质量发展提供独到见解，贡献力量。

王瑶　中央财经大学绿色金融国际研究院

2023 年 2 月 15 日

∴ 前　言 ∴

　　随着人与自然和谐共生的理念日益深入人心，绿色低碳发展逐渐成为全球各国经济发展的主要趋势。2020 年 9 月 22 日，我国在第 75 届联合国大会上明确提出 2030 年实现"碳达峰"与 2060 年实现"碳中和"目标。"双碳"目标是我国主动承担全球责任的体现，也是我国实现可持续发展的战略选择，积极落实"双碳"目标有助于我国各行各业实现绿色高质量发展。近年来，我国陆续发布多项绿色低碳发展相关政策和文件，并在"双碳"目标的引导下在各行各业展开各项减污降碳工作，在应对全球气候变化和生态环境治理方面展现出了大国担当。

　　推动绿色发展是我国解决环境问题和实现可持续发展的必经之路。实现"双碳"目标不仅需要减少温室气体的排放量，还需要制定并落实关于产业、金融、财政、环境、能源和消费等多个方面的政策，推动经济社会在控制和减少温室气体排放的约束性政策下实现高质量发展。

　　绿色金融能够为绿色、低碳、循环经济的发展提供资金层面的支持，为经济结构低碳转型提供助力。党的十九大以来，我国不断完善绿色金融体系，大力推动绿色金融发展，并将其作为引导企业低碳发展的重要工具，激励各行各业的企业在节能环保的基础上实现高质量发展。

　　一般来说，绿色金融主要包括环境金融、气候金融、碳金融、可持续金融和环境责任投资等环境保护和可持续发展相关的金融产品、金融市场和金融政策。

从微观层面来看，绿色金融能够帮助金融机构和投资者明确投融资项目的各个参与方在对环境整体维护方面应承担的责任，提高二者在环境保护和承担环境责任方面的参与度，如金融机构和投资者会参与绿色金融产品定价、绿色金融产品设计、绿色项目投资等各类绿色金融相关工作。

从宏观层面上来看，绿色金融需要协调金融业绩表现与绿色产业发展之间的关系，并将金融作为推动经济绿色发展的工具，借助革新节能环保技术、提高企业的环境风险控制水平、优化资源配置和产业结构等多种手段发挥金融在企业实现绿色发展中的促进作用。具体来说，金融在绿色经济发展中的作用主要体现在以下三个维度。

①在企业维度上，金融能够为先进技术企业发展提供资金和生产资源方面的支持，具体来说，先进技术企业可以利用金融提供的资金和资源进行技术创新，并通过新技术的应用来提高自身的生产力水平，促进技术成果产业化，从而获取更高的经营利润，同时企业经营利润的增长也能在一定程度上为其吸引到更多的投资者，进而获取更多用于技术研发和技术应用的资金。

②在产业维度上，绿色金融能够为绿色产业中的先进技术企业的发展提供支持，而这些企业的快速发展也能吸引大量投资者投资绿色产业，并有效带动其他企业在绿色金融的支持下进行绿色转型发展，进而推动绿色产业快速升级，实现优化绿色经济结构的目标。

③在产业链维度上，由于绿色金融对绿色产业的影响能够覆盖几乎所有的生产环节，因此绿色金融的创新发展将进一步优化绿色产业链，为绿色产业提高整条产业链的运作效率提供助力。

随着绿色经济理念的发展，金融行业在绿色金融方面的探索和实践也越来越多。具体来说，绿色金融能够有效引导资金和资源流向绿色产业，提高各项生产要素的使用价值和资源的利用率，并促进绿色环保技术快速发展，改善环境污染问题，进而达到优化经济结构的目的。总而言之，发展绿色金融能够为我国优化资源配置、提高资源使用效率和加快绿色经济发展速度提供助力。

本书立足于我国实现"双碳"目标的战略愿景，详细梳理了国际绿色金融的发展实践与经验启示，全面阐述了我国在绿色金融领域的政策体系、模式路径与实践策略，涵盖绿色信贷、绿色债券、绿色证券、绿色保险、转型金融、碳交易、碳金融、可持续金融、ESG 投资等各细分领域的绿色金融实践路径与发展趋势，揭示了"双碳"愿景下我国绿色金融应如何赋能经济社会实现低碳转型，指导传统金融业应时而变、加快推进绿色低碳转型。本书适合金融行业的从业人员、IT 行业的科技人员及各级管理者阅读，也适合高等院校经济、金融、管理等相关专业师生以及对金融科技感兴趣的大众读者阅读。

著者

❖ 目 录 ❖

第三部分　碳交易与碳金融

第四部分　可持续金融探索与实践

第五部分　ESG 投资理论与实践

第六部分　金融科技助力碳中和

| 第一部分 | 绿色金融与转型金融

第1章

绿色金融：赋能我国"双碳"目标

"双碳"目标：国际共识与中国行动

面对全球性的气候问题，我国在第 75 届联合国大会提出："中国将提高国家自主贡献力度，采取更加有力的政策和措施，二氧化碳排放力争于 2030 年前达到峰值，努力争取 2060 年前实现碳中和。"

1. 应对气候变化，达成国际共识

为了让世界各国联合起来共同应对气候变化，联合国环境与发展大会于 1992 年 5 月 9 日通过《联合国气候变化框架公约》(*United Nations Framework Convention on Climate Change*，UNFCCC 或 FCCC)，该公约于 1994 年正式生效，旨在控制温室气体排放，"将大气温室气体浓度维持在一个稳定的水平，在该水平上人类活动对气候系统的危险干扰不会发生"。

2015 年 12 月 12 日，气候变化大会通过的《巴黎协定》为 2020 年后全球应对气候变化行动做出安排，主要目标是将 21 世纪全球平均气温上升幅度控制在 2 摄氏度以内，并将全球气温上升控制在前工业化时期水平之上 1.5 摄氏度以内。在世界各国合作共同应对气候变化的过程中，《巴黎协定》的签署具有里程碑式的意义。

2. 赋能气候治理，彰显大国担当

面对气候问题，我国自始至终秉持积极的态度，在国际社会上展现了大国担当。2014年，在巴黎气候大会召开之前，我国与美国发表中美气候变化联合声明，基于各自的国情宣布2020年后的行动目标，并带动全球180多个国家和地区在巴黎气候大会前提交气候应对方案，为《巴黎协议》的达成做出了重要贡献。

2018年，我国提出实施积极应对气候变化国家战略，在全球气候治理体系建设、人类命运共同体建设方面积极发挥作用，展现了我国负责任的大国形象。此外，我国还提出"创新、协调、绿色、开放、共享"的新发展理念，积极承担国际责任与义务，在全球气候治理领域发挥了建设性作用。

2020年7月，我国在联合国大会上提出"双碳"目标，对未来40年的碳减排行动做出了重要指导。事实上，我国已经提前完成了2020年的气候行动目标。根据生态环境部发布的《2020中国生态环境状况公报》，2020年我国单位国内生产总值二氧化碳排放比2019年下降约1.0%，比2015年下降18.8%，超额完成"十三五"下降18%的目标。在新能源领域，我国非化石能源占一次能源消费比重从2005年的7.4%提高到15.3%，可再生能源装机总量约占全球的30.4%，在可再生能源领域的投资连续七年位列全球第一。

2020年10月召开的党的十九届五中全会提出"要加快推动绿色低碳发展，持续改善环境质量，提升生态系统质量和稳定性，全面提高资源利用效率""广泛形成绿色生产生活方式，碳排放达峰后稳中有降，生态环境根本好转，美丽中国建设目标基本实现"。这些战略方针对我国"十四五"时期乃至今后更长一段时间内的气候应对以及经济发展做出了明确指导，意义重大。

2020 年 12 月 12 日，为了纪念《巴黎协定》达成五周年，由联合国牵头，《巴黎协定》相关缔约方以视频会议的形式召开了气候雄心峰会。在此次会议上，我国提出"到 2030 年中国单位国内生产总值二氧化碳排放将比 2005 年下降 65% 以上，非化石能源占一次能源消费比重将达到 25% 左右，森林蓄积量将比 2005 年增加 60 亿立方米，风电、太阳能发电总装机容量将达到 12 亿千瓦以上"的目标，向国际社会表明了我国应对气候问题的决心，为坚定气候治理的决心以及疫情结束后经济的绿色复苏注入了强大的动力，彰显了我国的大国责任与担当。

不过，从我国的实际国情看，想要实现"双碳"目标还面临着很多挑战，绿色金融可以视为应对挑战的一个重要工具。绿色金融指的是金融机构支持节能环保项目融资的行为，是我国实现"双碳"目标的重要市场手段。

绿色金融：实现碳中和的重要保障

面对愈发严峻的气候、环境、生态问题，推动经济绿色转型、大力发展低碳产业成为全球经济发展的重要主题。在推动经济绿色转型方面，绿色金融是一个非常重要的工具，它可以促进绿色产业整合，减少投资人与投资机构对高污染、高碳排放项目的投资，引导更多资金流向绿色产业、低碳产业，刺激企业主动公开环境信息，为碳中和的实现提供强有力的保障。

关于什么是绿色金融，不同的组织与机构有不同的看法，目前比较主流的观点如下。

- 世界银行认为"绿色金融是在追求可持续的全球经济发展进程下，需不断扩大的具有环境效益的投融资"。
- G20 绿色金融研究小组认为"绿色金融是指能产生环境效益以支

持可持续发展的投融资活动"。除了为绿色项目筹集所需资金外，绿色金融还应该强化金融机构对风险的认知，促进对环境友好的投资，减少对环境有害的投资。

- 经济合作与发展组织（OECD）认为绿色金融是为实现经济增长、减少温室气体与其他污染物排放、提高资源使用效率、减少资源浪费而提供的金融服务。

- 2016 年中国人民银行等七部委联合发布《关于构建绿色金融体系的指导意见》，对绿色金融做出了明确定义："绿色金融是指为支持环境改善、应对气候变化和资源节约高效利用的经济活动，即对环保、节能、清洁能源、绿色交通、绿色建筑等领域的项目投融资、项目运营、风险管理等所提供的金融服务。"

发展绿色金融、构建绿色金融体系、解决绿色技术企业融资难问题，是实现碳中和的重要保障。为此，我国明确了构建绿色金融体系在推进经济绿色低碳转型、推进生态文明建设、促进绿色技术创新、培育新的经济增长点、释放经济增长潜力等方面的重要作用，强调要尽快构建绿色金融体系。

具体来看，绿色金融的价值主要体现在以下几个方面，如图 1-1 所示。

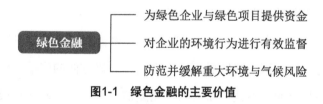

图1-1 绿色金融的主要价值

（1）为绿色企业与绿色项目提供资金

绿色金融可以解决绿色企业与绿色项目融资难的问题，为其提供充足的资金支持。因为绿色产业的前期投资比较大，而且需要很长时间才能看到经济效益，所以很难吸引投资，存在较大的资金缺口。绿色金融可以通过绿色债券、绿色信贷、绿色保险等产品为绿色企业提供资金，解决其融资难的问题。

（2）对企业的环境行为进行有效监督

企业在申请绿色贷款或者发行绿色债券时需要披露经营情况及相关的环境信息，为金融机构对企业的环境行为进行监督提供充足的依据。

（3）防范并缓解重大环境与气候风险

进入"十四五"时期，我国经济将进入跨越中等收入陷阱的关键阶段，需要防范各类风险，尤其是重大环境和气候风险。绿色金融可以助推经济实现绿色低碳发展，不仅可以有效防范并化解重大环境与气候风险，还可以提高我国经济的韧性，增强其抵御各种风险的能力。

政策体系：我国绿色金融的战略框架

随着绿色金融相关政策标准的落地和各个金融机构的持续推动，我国绿色金融体系逐步完善，金融转型速度也不断加快，目前我国的绿色金融体量已位居世界前列。近年来，我国不断加强绿色金融领域的国际交流和合作，推动我国社会经济实现绿色低碳发展，从世界范围内来看，这也有助于全球绿色金融提高发展质量和发展速度。

"十四五"时期是实现"双碳"目标的关键期，我国应积极探索绿色金融在绿色低碳、可持续发展、生态文明建设等方面的作用，引导金融机构加大对小微企业、科技创新、绿色发展的信贷支持，确保货币政策精准发力，并助推自由贸易试验区开展国际交流与合作。

● 2015 年 9 月，中共中央政治局审议通过了《生态文明体制改革总体方案》，该方案首次明确提出"建立中国绿色金融体系的顶层设计"。

- 2016 年 3 月，十二届全国人大《政府工作报告》提出"大力发展惠普金融和绿色金融"。

- 2016 年 8 月，中国人民银行、财政部、国家发展改革委、环境保护部、银监会、证监会和保监会联合发布《关于构建绿色金融体系的指导意见》，进一步完善了绿色金融政策系统框架，不仅如此，这也是全球首部绿色金融领域的系统性政策文件，对绿色金融发展有着重要意义。

- 2017 年 6 月，中国人民银行、国家发展改革委等七部委联合发布了建设浙江省湖州市和衢州市绿色金融改革创新试验区、广东省广州市绿色金融改革创新试验区、新疆维吾尔自治区哈密市和昌吉州以及克拉玛依市绿色金融改革创新试验区、贵州省贵安新区绿色金融改革创新试验区、江西省赣江新区绿色金融改革创新试验区的总体方案。

- 2017 年 10 月，党的十九大报告中提出"构建市场导向的绿色技术创新体系"，进一步明确了绿色金融体系建设的方向。

- 2019 年 10 月，党的十九届四中全会提出"激发绿色技术市场需求，壮大创新主体，增强创新活力，优化创新环境"，将绿色技术创新放在重要位置。

- 2020 年 10 月，党的十九届五中全会明确把"加快构建以国内大循环为主体、国内国际双循环相互促进的新发展格局"作为重要的战略抉择。

在"双循环"发展新格局下，我国应持续推动科技创新，进一步提高国家创新体系效能，加快创新型国家建设速度，进而提高国家科技水平，并将绿色发展融入各个领域当中，全方位推动经济社会发展走向绿色化、低碳化，构建人与自然和谐共生的生产生活环境。

在金融领域，我国还需建立支持绿色技术创新的金融体系，对金融行业来说，要把握政策和市场为技术创新和知识产权创新带来的机遇，积极推动绿色技术创新、绿色知识产权和绿色金融的融合发展。

为充分发挥绿色金融在应对气候变化方面的支撑作用：

- 2020 年 10 月 26 日，生态环境部、国家发展改革委、中国人民银行、银保监会和证监会联合发布《关于促进应对气候变化投融资的指导意见》，提出"加快构建气候投融资政策体系"和"逐步完善气候投融资标准体系"，进一步推动经济绿色低碳发展。

- 2020 年 12 月 31 日，我国生态环境部颁布《碳排放权交易管理办法（试行）》，利用市场化的手段对碳排放进行控制。

- 2021 年 1 月 4 日，中国人民银行工作会议提出"落实碳达峰碳中和重大决策部署，完善绿色金融政策框架和激励机制"。

- 2021 年 1 月 14 日，我国生态环境部印发《关于统筹和加强应对气候变化与生态环境保护相关工作的指导意见》，从战略规划、政策法规、制度体系、试点示范和国际合作方面对应对气候变化和生态环境保护工作进行了规范和指导。

- 2021 年 2 月 2 日，国务院印发《国务院关于加快建立健全绿色低碳循环发展经济体系的指导意见》，明确了经济绿色低碳循环发展的指导思想、工作原则和主要目标，并提出"健全绿色低碳循环发展的生产体系""健全绿色低碳循环发展的流通体系""健全绿色低碳循环发展的消费体系""加快基础设施绿色升级""构建市场导向的绿色技术创新体系""完善法律法规政策体系"以及"认真抓好组织实施"。

- 2021 年 3 月 11 日，"十四五"规划明确提出要"大力发展绿色金融"，这为金融业的发展指明了方向。

- 2021 年 12 月，中央经济工作会议提出"实现碳达峰碳中和是推动高质量发展的内在要求"，通过政策支持为我国绿色金融的发展注入强劲的动力。

- 2022 年 10 月，党的二十大报告明确指出，"完善支持绿色发展的财税、金融、投资、价格政策和标准体系，发展绿色低碳产业，健全资源环境要素市场化配置体系，加快节能降碳先进技术研发和推广应用，倡导绿色消费，推动形成绿色低碳的生产方式和生活方式"。

各项相关政策和文件的颁布有效推动了经济社会绿色发展，日益完善的绿色金融体系也成为我国实现绿色低碳可持续发展的重要驱动力。

"十四五"时期的绿色金融体系建设

随着生态优先、绿色发展的思想认知日益深刻，我国也越来越重视生态文明建设，其中绿色金融体系逐渐完善，绿色信贷、绿色债券、绿色基金、绿色保险等迅速发展。不仅如此，我国还为应对全球气候变化贡献力量，并将新能源和可再生能源的发展放在重要位置，目前，我国已成为世界节能和利用新能源、可再生能源的第一大国。

碳中和目标引领我国经济发展向绿色低碳转型，由此产生的政策变化和产业变革影响着绿色金融的发展，我国需要牢牢把握绿色低碳转型带来的发展机遇，积极推进现代化气候治理体系建设，并进一步落实气候投融资工作。

1. 完善绿色低碳技术基础设施建设

在“十四五”期间，我国应认真贯彻落实关于“双碳”目标的重大决策部署，优化经济结构、能源结构和产业结构，提高绿色产业比重，构建绿色低碳循环发展经济体系。与此同时，我国还要积极引进国外先进绿色技术和绿色创新理念，鼓励国内外绿色技术和绿色创新企业落地国家级经济开发区和高新技术产业园区，并完善绿色低碳技术创新体系，以绿色技术创新推进生态文明建设，从而进一步明确绿色发展规划。

在完善绿色低碳技术基础设施建设方面，我们可以采取如下措施。

- 我国应加快绿色低碳领域技术创新主体的培育，从资本、人才、市场等方面入手加大绿色创新支持力度。
- 完善知识产权制度，尤其是专利制度，为绿色技术研发、推广和产业化提供制度保障，并大力发展绿色产业。
- 促进绿色低碳技术转移转化，在政策层面支持绿色科技孵化器、生态文明建设示范区、可持续发展创新示范区、绿色技术转移转化众创空间建设。
- 采取创新激励机制、政府投资支持、建立 ESG 评价指标体系、完善相关法律法规等多种措施吸引绿色投资者。
- 根据地方特色构建绿色发展政策体系，支持各地方政府根据自身实际发展情况和产业特点发展绿色金融，推进绿色低碳技术创新。
- 加大绿色技术创新人才培育力度，提高绿色技术创新能力。
- 践行绿色投资理念，完善绿色金融体系，以绿色金融助推绿色低碳可持续发展。

2.“十四五”时期绿色金融的发展路径

“十四五”时期是我国新旧发展动能的转换期，我国应把握“十四五”

带来的绿色发展机遇，加快推动经济社会全面绿色转型的步伐，助力经济实现高质量、可持续发展。

随着绿色金融相关政策的出台和实施，绿色金融市场迅速扩张，绿色低碳产业迎来了巨大的增量空间。为实现"双碳"目标，我国应以完善绿色金融体系为引领，根据我国的实际发展情况从一些成功的绿色发展案例中汲取经验，同时也要从顶层设计切入，加强基层落地实践，推动政策、市场、管理、技术、产品等方面的创新发展，并通过协同机制、能力建设、基础设施建设等方式推动绿色低碳发展。

为实现"双碳"目标，我国应健全绿色金融体系，创新绿色金融实践，充分发挥绿色金融创新发展对实现碳达峰与碳中和的支撑作用。具体来说，"十四五"时期绿色金融的发展路径主要包括以下几个方面，如图 1-2 所示。

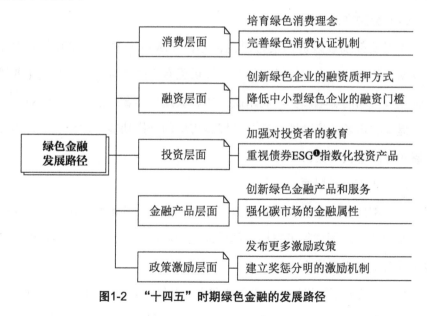

图1-2　"十四五"时期绿色金融的发展路径

---

❶　ESG：Environment, Social and Governance 的缩写，即环境、社会和公司治理，指的是从环境、社会和公司治理三个维度评估企业经营的可持续性与对社会价值观念的影响。

（1）消费层面

我国要积极培育绿色消费理念，完善绿色消费认证机制，通过绿色金融支持鼓励绿色消费，对生产端的绿色化转型产生积极的推动作用。

（2）融资层面

金融机构要创新绿色企业的融资质押方式，将传统的固定资产质押转变为碳排放权、排污权等无形资产质押，降低中小型绿色企业的融资门槛，为绿色项目的发展提供更多资金支持。

（3）投资层面

我国要加强对投资者的教育，增强其对 ESG 投资的认知与理解，鼓励投资者开展 ESG 投资实践，将 ESG 投资方向从权益型投资项目与产品转向低成本、高流动性、高透明度的债券 ESG 指数化投资产品，为我国债券市场的可持续发展保驾护航。

（4）金融产品层面

我国要鼓励金融机构发行绿色债券，在绿色金融产品和服务方面积极开展创新活动，为实体经济的发展提供强有力的支持，采取多元化的措施强化碳市场的金融属性，利用碳期货、碳期权等金融衍生品吸收更多资金，提高碳市场的流动性，充分发挥碳市场的减排功能，促使金融资本和低碳实体经济实现紧密结合。

（5）政策激励层面

相关部门要发布更多激励政策，建立奖惩分明的激励机制，引导金融机构在绿色金融领域积极布局，创新绿色金融产品，为早期、中期的绿色技术项目提供更多资金支持。

目前，我国正积极推动技术创新和产业升级，驱动经济的绿色低碳可持续发展。在"双碳"目标的引领下，我国需要采取各种手段应对气候变化，并大力推进生态文明建设，以降碳为重点战略方向逐步完善气候治理体系，革新能源体系，同时在制度层面为经济的绿色低碳发展提供强有力的支撑。

第 2 章

路径选择：我国绿色金融的创新与实践

顶层设计：完善绿色金融制度体系

随着我国政府和金融机构在绿色金融领域的协同合作逐渐深入，我国绿色金融市场的发展速度不断加快，这也推动了我国的能源结构、产业结构、投资结构、生产方式和生活方式等逐步向绿色低碳转型。

2016 年以来，中国人民银行等部门出台的《关于构建绿色金融体系的指导意见》，初步确立了绿色金融发展"五大支柱"（包括绿色金融标准体系、政策激励约束机制、绿色金融国际合作、绿色产品创新体系和市场体系、金融机构监管和信息披露制度），并充分发挥绿色金融在资源配置、风险管理和市场定价方面的作用。在"双碳"目标的指引下，绿色金融在金融供给侧结构性改革的过程中起到了一定的推动作用，成为我国实现绿色可持续发展的保障，同时也为气候投融资的创新发展提供了助力。

绿色金融的体系建设、产业发展、工具创新和产品创新等均离不开资金的支持，因此，我国应加强政企合作，充分发挥政府和市场双方的力量建立健全相关制度和法规，完善标准体系，构建规范、高效、多层次的绿色金融市场，为绿色金融的发展提供政策层面的支持，并积极开展碳金融、绿色信贷、绿色债券、绿色基金、绿色保险、绿色担保、银行绿色化转型等建设工作，加快绿色金融试点落地。

与此同时，我国政府部门还要满足多元化、多层次的绿色证券投融资需求，在资源配置方面不仅要注重政府的调控，更不能忽视市场的决定性作用。除此之外，环境信息披露制度、绿色低碳投融资标准、气候变化投融资顶层设计、绿色低碳转型激励机制等相关标准制度的建设也与绿色金融体系的构建息息相关，具体来说，我国需要采取以下几项措施，如图2-1所示。

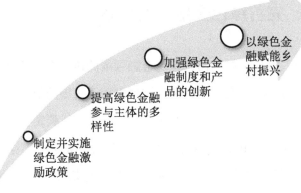

图2-1 完善绿色金融制度体系的主要措施

1. 制定并实施绿色金融激励政策

我国应持续完善绿色金融激励机制，落实财税优惠、贷款贴息、风险补偿、担保补助等政策，为节能项目、节水项目、环境保护项目、污染治理项目、能源管理项目和资源综合利用项目等提供政策和资金上的支持，进一步增强金融机构和相关企业推进绿色转型的动力。具体来说：

● 可以在贷款投放、风险权重设置等方面为绿色低碳项目和产业提供优惠政策，并完善绿色金融业绩评价、贴息奖补等政策，通过政策引导和激励支持绿色低碳发展。

● 金融监管部门应要求金融机构加强碳足迹❶和高碳行业的资产信息
披露。

● 相关部门应加强对气候风险应对的顶层设计和宏观审慎管理。

● 利用金融科技提高 ESG 水平以及碳足迹、高碳资产信息的计算和
披露效率，从而达到加强风险管理、推进绿色金融发展的目的。

2. 提高绿色金融参与主体的多样性

现阶段，我国绿色债券的参与主体主要包括银行等金融机构，投资类
型通常为 ESG 投资。

随着绿色金融的不断发展，我国应出台相关政策，支持发展养老金、
社保基金、气候基金、社会公益基金、保险资金、政府资金、民间资本、
国外资本等绿色投资，进一步优化投资结构，将更多不同类型的资金引入
绿色产业当中，并鼓励商业银行在投贷联动方面进行创新探索，加速推进
试点落地。

3. 加强绿色金融制度和产品的创新

我国应加强绿色金融制度和绿色金融产品创新，促进跨境绿色资本流
动，并在各个自贸区开展离岸金融业务，鼓励上海自贸区、深圳自贸区、
陕西自贸区等各个自贸区与国际金融中心和国际自贸港联动发展。

同时，也要提高我国绿色金融市场的管理能力，并不断增强我国绿
色金融市场对国际投资者的吸引力，从而助力我国绿色低碳企业实现高
质量发展。

---

❶　碳足迹：英文为 carbon footprint，指的是个人、产品、活动或机构等通过消费、交通运
输以及各类生产过程等引起的温室气体排放的集合。

4.以绿色金融赋能乡村振兴

具体来说，我国应支持地方政府围绕当地农村发展特点制定绿色金融实施方案，并建设乡村振兴项目库，构建支持小微、支持"三农"的金融服务体系。

同时，也要建设农业绿色发展先行区，推进绿色种养循环，降低农业碳排放，并通过绿色金融助力农村经济快速发展，从而为农村地区的居民提供更加优质的生活享受，为国内大循环与国内国际双循环的协调统一筑基。

标准体系：驱动绿色技术创新

我国应根据产业特点和实际情况制定针对绿色金融、绿色技术的通用标准。该标准是金融体系推进绿色技术创新、推动绿色低碳发展的工具，也是金融领域在绿色项目评估方面的重要参考内容。

具体来说，该标准既要有针对不同类型项目的条款，也要有针对各类企业的条款；既要确保市场竞争的公平性，也要与国际规则相容；既要涵盖新能源、资源节约、可再生能源的开发和利用等能源领域，也要包括生态保护、污染治理、城市绿色发展等领域。

由于不同行业、不同企业、不同的投资人之间的投资理念各不相同，因此各个国家和相关组织机构根据不同情况制定了一系列具有针对性的投资标准，比如绿色技术、垃圾处理、清洁能源、可持续农业等可持续发展方面的投资标准，以及由联合国环境规划署金融倡议组织（United Nations Environment Programme Finance Initiative，UNEP FI）和联合国全球契约组织（United Nations Global Compact，UNGC）联合发起的 ESG 评价标准。我国应积极学习和借鉴全球各国在绿色金融标准制定方面的经验，进一步完善ESG评价标准，优化投资决策机制，加强绿色投研体系建设，制定适用于我国绿色金融发展的绿色投资指引方案和责任投资管理制度，进而推动ESG责任投资快速落地。

近年来，上市公司的ESG报告披露率不断上升，高价值的ESG环境信息披露能够提高气候变化应对能力，同时也有助于投资者了解企业投资价值，确保投融资的科学性。随着国际合作日益增多，我国绿色金融标准与国际绿色金融标准之间的兼容性也在不断升高，这为境外投资者在我国绿色金融领域的投融资活动提供了便利。

因此，我国应以"双碳"目标为指引，以国家发展改革委、工信部、自然资源部、生态环境部、住房和城乡建设部、中国人民银行以及国家能源局联合印发的《绿色产业目录》为依据，进一步对绿色技术、绿色信贷、绿色基金、绿色债券、绿色保险、气候基金、气候债券的相关标准进行完善，并对相关制度进行优化调整，从而为绿色金融发展和国际资本投资提供有效支撑。

此外，我国应当充分发挥绿色金融对绿色技术发展的驱动作用以及政府资本对绿色企业发展的引导和激励作用，加大对政府引导基金、绿色发展基金、绿色技术银行、民营企业引导基金、国家新兴产业创业投资引导基金、国家科技成果转化引导基金等领域的支持力度，加快推进绿色环保科技成果转化建设，大力开展科技成果转化应用，并优化绿色技术创新激励机制，利用绿色基金为绿色低碳技术创新赋能。

与此同时，我国金融监管部门应降低绿色技术企业的上市门槛、交易成本和融资难度，并加强市场监管。一方面，我国应积极推动符合条件的绿色技术企业在主板、科创板、创业板等上市，在新三板基础层和创新层挂牌融资，并完善多层次绿色金融市场和服务体系，强化企业绿色技术创新，提高绿色技术贷款融资门槛的合理性；另一方面，我国也要提高绿色金融市场监管的一致性和公平性，进一步提升信息透明度和披露质量。

模式创新：绿色金融改革试验区

2020 年 12 月 16 日至 18 日，中共中央举行中央经济工作会议，会议对 2021 年经济工作进行了详细部署，并明确提出"要抓紧制定 2030 年碳排放达峰行动方案，支持有条件的地方率先达峰"，因此，我国在推动碳减排的过程中需要全面分析不同地区、不同行业在能源生产、能源消费、产业结构等方面的差异，制定有针对性的制度体系和配套措施。

我国各地区需要对自身的实际发展情况、产业特色、技术水平、绿色低碳发展水平等进行全方位深入分析，并根据分析结果制订专属"双碳"目标、"双碳"目标时间表和"双碳"目标路线图等的具体降碳计划，建立绿色低碳转型推进机制，引导减排相对容易的行业和企业提高碳减排量，同时建立政府引导、企业主体、政企合作、市场调控的绿色金融发展机制，提高社会资本在绿色低碳城市建设中的参与度，进而加快产业结构升级和经济绿色低碳转型的步伐。

为增强气候变化应对能力，实现绿色低碳发展，我国应大力支持气候投融资试点工作，建立相关激励机制，推动气候投融资试点与绿色金融改革试验区、生态文明示范区、绿色低碳城市发展等相融合。

2017 年 6 月，中国人民银行、国家发展改革委、财政部、环境保护部、银监会、证监会、保监会联合下发通知，公布建设五个绿色金融改革创新试验区的总体方案，此后我国持续推进绿色金融改革创新试验区建设，并不断进行扩容，目前，我国已在浙江、广东等九个地区设有绿色金融改革创新试验区，这为试验区优化信息披露质量、创新绿色金融产品、提高绿色金融服务能力、完善激励约束机制和绿色金融政策架构等提供强有力的支撑。

不仅如此，我国还积极发挥试验区的引领作用，大力推广各个试验区在绿色金融创新发展中获取的经验，并推动各个地区探索绿色金融发展的创新模式。

我国政府大力支持绿色金融，不仅持续推进绿色金融改革创新试验区建设，还鼓励地方政府探索建立和完善绿色金融体系，目前，山东、陕西、江苏、福建、海南等多个省份已发布"十四五"金融业发展专项规划，积极参与构建绿色金融且已取得一定成效。

具体来说，一方面，我国应加强对绿色金融落地对城市低碳发展的影响的研究，发现地方城市绿色低碳发展的融资困境并寻找有效对策；另一方面，我国应充分利用政府与社会资本合作（Public-Private-Partnership，PPP）模式推动绿色金融在公共领域的发展，鼓励有条件的地方政府和社会资本参与构建绿色金融，并通过支持地方政府发行绿色市政债券以及支持社会资本发行绿色投资基金、绿色信贷、绿色债券等绿色金融产品的方式助力绿色金融发展，进而达到加快绿色低碳技术创新和落地的目的。

除此之外，我国政府还应该引导绿色基金的市场化发展，鼓励地方政府完善融资担保和风险补偿机制，为绿色技术创新成果转化和落地应用提供保障，让绿色基金能够在绿色建筑、绿色交通、清洁能源、污染防治、雾霾治理、土壤治理、水环境治理、绿化和风沙治理、生态保护和气候适应、资源利用和循环利用等领域充分发挥作用，从而推进经济绿色低碳发展。

在应对气候变化和推进低碳发展方面，我国应采取以下几项措施。

- 首先，要充分发挥投资政策的引导作用，从深化碳金融发展入手开展气候投融资试点工作。
- 其次，应建立健全环境信息披露制度，并充分利用气候情景分析和压力测试等手段对压力风险进行分析和评估，加强风险防范。

● 最后，还要完善对绿色低碳投资的风险补偿机制，通过融资担保和使用保险工具等方式来进一步增强金融风险防范能力。

总而言之，我国在推动绿色金融发展的过程中，应确立发展目标、发展路径和绿色低碳融资额，创新绿色金融服务模式，加强人才培养，完善绿色项目激励机制和绿色金融产品体系，充分发挥绿色基金、绿色债券、绿色信贷、绿色保险、气候基金、气候债券、转型基金、转型债券、ESG投资基金等绿色金融产品在绿色低碳发展工作中的重要作用，充分利用金融科技助力我国经济绿色低碳可持续发展。

国际合作：构建绿色低碳共同体

随着经济全球化范围的不断扩大，环境污染、温室效应、能源短缺等问题日渐严重，绿色低碳逐渐成为全球各国的重要发展方向，绿色低碳投资也开始备受关注，各大多边金融机构和商业金融机构纷纷革新与能源相关的融资政策，改变投融资模式。

在"双碳"目标下，我国大力发展绿色基金，积极应对气候变化等问题带来的挑战，持续推进绿色低碳发展。其他国家也积极开展绿色投融资项目，出台绿色金融相关政策推动经济发展，为实现碳达峰碳中和提供资金层面的支持。例如，2020年10月，日本宣布到2050年力争实现碳中和；2021年8月，韩国承诺到2050年实现碳中和。全球各国积极把握绿色转型机遇推进碳中和，力图通过低碳发展推动经济发展。

2020年7月15日，我国财政部、生态环境部和上海市共同发起设立国家绿色发展基金，引导社会资金助力污染治理、绿色交通、能源开发和资源利用等，进一步加强生态文明建设，推动绿色低碳发展。同时，我国也要加强绿色金融国际合作，并推动"一带一路"建设，实现绿色低碳发展。

一方面，我国应以政府资本为引导，鼓励国内外各方金融机构对我国绿色低碳技术市场进行投资，并探索绿色技术创新，推动自贸区、自贸港可持续发展，大力支持企业开展绿色金融国际合作。

具体来说，我国要通过绿色基金来加强国际合作，并利用好央行与监管机构绿色金融合作网络（Central Banks and Supervisors Network for Greening the Financial System，NGFS）、"一带一路"绿色投资原则（Green Investment Principles，GIP）和可持续金融国际平台（International Platform on Sustainable Finance，IPSF）等绿色金融合作平台和机制，积极应对气候变化带来的风险和挑战，同时也要扩大绿色低碳投资规模，大力推广绿色技术，树立绿色理念，加强绿色金融国际交流，通过提高气候投融资的便捷性、支持绿色金融资产跨境转让、境外融资增信、鼓励人民币跨境计价结算等方式进一步提高我国绿色金融相关政策、标准、技术、产品等在国际市场的认可度。

另一方面，我国可以提高多边金融机构、国内政策性银行、商业银行、世界银行、丝路基金和亚投行等在"一带一路"建设中的参与度，并加强对绿色低碳技术的研发和应用，推动"一带一路"投资向绿色低碳转型。

具体来说，我国应推进应对气候变化的南南合作，构建"一带一路"绿色低碳共同体，加快绿色低碳项目的境外落地速度，并加强对国际投资环境的评估，大力发展ESG投资，激发国内外绿色投资者的投资热情，同时也要以联合国可持续发展目标（Sustainable Development Goals，SDGs）为指导驱动全球范围内的机构、组织和个人积极参与到保护环境与生态系统、应对气候变化等项目中。

第 3 章
转型金融：助力高碳行业低碳化转型

转型金融与绿色金融的关系

绿色金融是推动经济绿色转型的重要抓手，在"双碳"背景下，发展绿色金融成为一项重要的国家战略，转型金融是对绿色金融的重要补充。

一般来讲，绿色金融的主要功能是为绿色低碳行业与企业筹集资金，为其提供更多金融资源，为行业发展提供强有力的资金保障，"非绿"行业与领域则不在支持范围内，这些行业与领域的资金问题只能通过转型金融来解决。

转型金融有两层含义，从广义来看，转型金融指的是为高能耗、高污染、高碳排放、不可持续的行业与企业提供合理的金融支持，促使其向着低碳、绿色的方向转型，实现可持续发展；从狭义来看，转型金融指的是为高碳产业的低碳转型提供金融支持，促使其实现节能减排。

转型金融支持的领域极广，既包括传统的高碳排放行业，例如火力发电、石化、有色金属、造纸、建材、钢铁等，又包括传统建筑、公路交通以及其他高能耗、高污染活动。这些行业的低碳绿色转型不仅关乎经济的稳定增长以及就业的稳定性，而且对经济结构的优化调整有着重要影响。所以，在发展绿色金融的同时，我国也要注重转型金融的发展。

1. 转型金融的相关概念

转型金融与绿色金融一样，不同的组织与机构对其定义各不相同。比如：

- 作为转型金融概念的提出机构，经济合作与发展组织认为所有服务于可持续发展目标的转型融资活动都可以视为转型金融。
- 欧盟对转型金融与绿色金融的概念进行了区分，认为转型金融是以应对气候变化为目的，利用多元化的金融工具为传统碳密集型行业与企业的低碳转型提供金融支持的活动。
- 日本金融厅、经济贸易工业部和环境部在联合发布的《气候转型融资基本指南》中对转型金融做出了明确定义，认为"转型金融是为难以减排的部门提供融资，以助力其为实现脱碳或低碳转型开展长期的、战略性的温室气体减排活动"。
- 目前国内普遍使用的是国际资本市场协会在《气候转型金融手册》中对转型金融的定义，即"气候转型金融是指针对市场实体、经济活动和资产项目向低碳和零碳排放转型的金融支持，尤其是针对传统的碳密集和高环境影响项目、经济活动或市场主体"。

2. 转型金融的主要特征

转型金融的主要特征体现在以下几个方面，如图3-1所示。

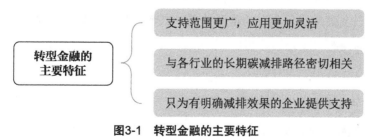

图3-1　转型金融的主要特征

①转型金融的支持范围更广，应用更加灵活。转型金融既可以为高碳行业的低碳转型、节能减排项目与活动提供融资支持，也可以为明确了碳减排目标与实施路径的企业提供资金支持。

②转型金融的目的是促进高碳行业实现低碳转型，最终实现脱碳，所以与各行业的长期碳减排路径密切相关。转型金融的具体标准需要根据行业来确定，根据行业、企业所处的发展阶段与行业实施的脱碳路径进行灵活调整，采用科学严谨的方法对整个过程进行界定。

③转型金融只为有明确减排效果的企业提供支持，而且这个减排效果要与《巴黎协定》或者"双碳"目标相契合。当然，投融资主体也可以根据自身的实际情况制定更高的减排目标。

3. 转型金融与绿色金融的异同

转型金融与绿色金融既有相同点又有差异点，如图3-2所示。

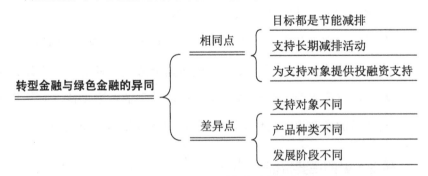

图3-2 转型金融与绿色金融的异同点

（1）转型金融与绿色金融的相同点

转型金融是绿色金融的重要补充，二者有相同之处，主要表现在以下几个方面。

● 转型金融与绿色金融的目标都是节能减排，致力于推动绿色经济、低碳经济发展，并更好地应对气候问题。

- 转型金融与绿色金融都支持与《巴黎协定》目标一致的长期减排活动，或者具有减排效益的活动，例如节能改造、能效提升活动等。
- 转型金融与绿色金融都可以为支持对象提供投融资支持，帮助其解决融资难题。

（2）转型金融与绿色金融的差异点

转型金融与绿色金融存在很多差异，主要表现在支持对象、产品种类、发展阶段等方面。

- **支持对象**：绿色金融的支持对象主要是企业采购或投资标的等静态描述；转型金融支持未纳入绿色金融标准但制定了明确碳减排目标与实施路径的企业，支持正在面临转型困境的企业，关注其可持续发展。
- **产品种类**：绿色金融产品包括绿色信贷、绿色债券、绿色保险、绿色信托、绿色PPP、绿色租赁等；转型金融产品包括可持续发展挂钩债券、转型债券和可持续发展关联贷款等。
- **发展阶段**：经过多年的发展，绿色金融已经形成了相对成熟的政策体系、产品体系与风险控制体系；转型金融刚刚起步，尚处在理论研究阶段，相关的政策体系、产品体系、风险控制体系都不成熟。

助力高碳行业可持续发展

自"双碳"目标提出以来，我国各行业各领域纷纷加强现代化科技和可再生能源的使用，力求尽快实现自身领域的碳达峰与碳中和。尽管如此，但我国当前正处于城镇化和工业化快速发展的阶段，目前的碳排放也仍呈现出持续增长的趋势。相关数据显示，我国的碳排放主要集中在高碳行业，高碳行业即化石能源消耗量大、能源资源利用效率低下、碳排放量大、环境污染严重的传统碳密集型行业，如传统的冶炼行业、水泥行业等，要想全面实现"双碳"目标，推进高碳行业的低碳化转型十分重要。

近年来，我国金融领域也采取相关措施推动自身绿色低碳转型，不断拓展可持续金融市场的规模，加快完善绿色金融体系，完善 ESG 投资，以引导资源资金流向技术先进、理念先进、低污染或无污染的产业，从而引导经济社会和环境的可持续发展，同时实现自身领域的可持续发展。但从金融的角度来看，由于高碳行业低碳化转型相关的金融投资产品不完善，且投资者对其转型的风险非常敏感，导致鲜有投资者在高碳行业低碳化转型领域进行大规模投资。

在这一背景下，转型金融的概念诞生，虽然其目前还没有统一的定义，但指的是利用多样化金融手段推动高碳行业开展低碳或零碳排放转型，也就是为高碳的经济活动向低碳化转型提供融资，它是帮助高碳行业实现可持续融资的重要手段，也是实现国民经济绿色发展的一种重要金融工具。

目前，很多国家和地区也十分重视金融低碳转型，相关资料显示，新一代信息技术赋能工业领域以提升能源利用效率，可以降低15%～20%的短期碳排放。根据英国汇丰银行的转型报告，英国的塑料、钢铁、水泥等行业在全球范围内的碳排放居高不下，如果借助新技术提升能效、实现能源和材料循环利用，那么全球的碳排放将减少40%。

此外，国际地球之友组织也针对环境保护问题出台相关政策法规，要求世界石油巨头公司降低能耗和碳排放，其中，要求壳牌公司（世界石油巨头之一）在未来十年内要减少45%的碳排放。在我国，政府曾针对

"双碳"目标做出详细的规划部署，强调"十四五"时期是实现碳达峰的关键时期，在这期间要加快推动工业、能源、交通、建筑等领域的低碳化转型。

从整体上看，加强新技术和可再生能源的利用，促进工业废弃物的循环利用，全面提升能源资源利用效率，同时推动产品创新，促进商业模式升级变革，不仅可以大幅度且快速地降低工业碳排放，有效地缓解全球气候恶化问题，而且还可以开辟新的经济增长空间，最终实现全球经济低碳化发展。

转型金融作为推动高碳行业低碳化转型的重要工具，其应用一方面可以突破绿色项目的限制，注重传统高能耗行业"碳捕捉"和"碳密集"等相关产品的开发，提升收益的灵活性，拓宽可选择的投资范围和目标类型，从而吸引投资者进行投资；另一方面，其通常与发行人的绩效挂钩，这就使得转型金融可以在金融市场上提出更多的问责制，同时提升高碳行业绿色转型项目的透明度，从而减少企业或组织表面宣传绿色发展，实际却与宣传内容背道而驰的"漂绿"行为，进而真正实现高碳行业低碳转型的落地实施。因此，我国政府要结合我国的实际情况和国外的优秀经验，加强转型金融的应用，以加快推进高碳行业的低碳化转型。

国内外转型金融的发展现状

转型金融支持高碳行业低碳化转型是一项艰巨的战略性任务，需要足够大的资金规模来支撑。并且，目前国际市场上转型金融支持高碳行业转型所需的资金主要来源于公共投资，但公共投资的规模有限，无法满足当前市场的资金缺口，因此，世界各国也需要出台相关政策以促进私人资本在转型金融方面的投资，以支持高碳行业的低碳化转型。

现阶段，全球可持续投资市场规模正呈现出快速扩大的趋势，各国的金融机构纷纷发行转型债券，以加快转型金融市场的融资，截至 2020 年底，全球范围内的转型债券已有 13 种。其中，2019 年，欧洲发行的可持续发展挂钩债券（Sustainability-Linked Bond，SLB）的交易率最高，同年，意大利能源公用事业公司 Enel 也发行了一种与可持续发展目标挂钩的公司债券，并取得了良好的绩效。

2020 年 6 月，国际资本市场协会出台了《可持续发展挂钩债券原则》，为可持续发展挂钩债券的发行、交易制定了相关指导标准。目前，越来越多的领域开始发行可持续发展挂钩债券，包括水泥、建筑、钢铁、电力等行业，累计发行总额数量庞大，并且呈现出快速增长的趋势。在金融市场上，绿色债券也是一种推动经济绿色发展的融资工具，但相比之下，可持续发展挂钩债券在推动高碳行业的低碳化转型方面，作用更加显著。

在我国，随着"双碳"目标被提出，转型金融逐渐受到了社会各界的广泛关注，特别是在绿色行业和棕色行业❶领域，不过目前，我国转型金融的应用还处于初级阶段，相关的产品品类和数量较为匮乏，无法实现高额融资，也就难以有效地支持高碳行业的低碳化转型。

2021 年，中国银行开发了天然气热电联产项目和天然气发电机水泥厂余热回收项目，并以此为融资标的向境外发行人民币双币种等值转型债券共计 50 亿元，以支持传统行业的低碳化转型。我国计划在 2030 年前全面实现碳达峰，为此，相关部门对重点行业实现碳达峰所需的能源和产生的碳排放量进行了预测，如表 3-1 所示。

---

❶ 棕色行业：指的是发展不合理、能耗高、污染大的产业，如石油加工炼焦及核燃料加工业、化学原料及化学制品制造业、有色金属冶炼及压延加工业等。

表 3-1　重点行业实现碳达峰所需能源和产生的碳排放量预测 ❶

行业	2030 年能源需求预测	2030 年碳排放达峰预测
工业	26.7 亿吨	45.4 亿吨（不包含工业生产过程中的二氧化碳排放）
		57.1 亿吨（含能源消费和生产过程）
建筑	8.6 亿吨	9.69 亿吨
交通	5.99 亿吨	11.55 亿吨

　　为全面实现碳达峰与碳中和的战略规划，我国政府需要制定并实施金融支持绿色低碳发展专项政策，推动重点行业对产业结构和能源结构进行优化调整，从根源上降低二氧化碳排放量，同时积极利用转型金融进行融资，为我国重点行业开展绿色低碳转型提供雄厚的资金支持。

转型金融应用的困境与难点

　　转型金融作为一种行之有效的金融工具，其应用于高碳行业的低碳化转型，尽管可以弥补传统绿色金融体系的缺陷，但在具体实施过程中也会产生许多棘手的问题，主要表现在以下几方面，如图 3-3 所示。

图3-3　转型金融应用的困境与难点

---

❶　数据来源：中央财经大学绿色金融国际研究院。

1.转型风险带来的负面影响巨大

转型风险将会给高碳企业的发展带来巨大的负面影响，甚至可能会给国民经济的稳定发展带来威胁，这对我国乃至全球的可持续发展都非常不利。

一方面，转型风险会给高碳企业带来资产搁浅风险。资产搁浅风险是指用于支持高碳行业低碳化转型的相关资产发生意料之外或者早于预期的贬值行为。资产搁浅将会给经济发展带来巨大的冲击，对能源系统的安全造成威胁，从而使得高碳企业在融资方面遇到困难，同时也会影响高碳企业相关产品的价格。

假如煤炭的市场估值不断下降，那么煤炭行业相关投资将会使得能源系统的安全遭到威胁，从而导致很多融资机构与保险机构放弃为煤炭行业提供服务，那么煤炭相关企业的融资便成为一个巨大的难题；同时，在低碳发展的政策背景下，能源供给与货币市场的联动效应使得能源供需不均衡，从而导致化石能源的价格呈现出上涨的趋势，进而容易导致通货膨胀。

另一方面，转型风险还会影响到高碳企业的股票和收益情况。在煤炭行业市场上，低碳政策导致化石能源的需求大幅下降，煤炭企业不得不调低化石能源产品的价格，这就会影响到自身的股票，使得煤炭相关的股市呈现出低迷的现象，企业的股票收益和运营收益也会受到影响。此外，这一重大影响在很多能源企业财报的"发酵"下也会反作用于转型风险，从而使得转型风险进一步恶化。

2.ESG 表现不佳可能导致融资困难

ESG 投资是指从环境、社会、公司治理三个维度来评估企业经营的风险，并通过调整风险来获得更高收益的一种投资方式。

能源企业在转型发展过程中，应当始终秉承 ESG 理念，这样不仅可以清晰地了解自身发展过程中可能遇到的环境等方面的问题，从而制定更加环保的发展策略，而且可以发现许多新的发展机会，从而有目的地进行一系列创新，最终实现自身的可持续发展。

目前，越来越多的能源公司开始重视 ESG 理念。例如，美国纽星能源公司（NuStar Energy）曾围绕 ESG 理念制订了详细的目标计划，并将其计划与具体表现公之于众，其中包括可再生资源的实际应用，新冠疫情期间如何保障社会安定、如何尽可能保障所有相关主体的权益和绩效等。

此外，很多投资机构也围绕 ESG 理念推动投资组合优化，推出基于 ESG 的融资渠道，同时限制企业投资，以反向推动高碳企业进行低碳化转型。这样一来，很多高碳企业可能会由于 ESG 表现不理想而出现难以融资的情况。

3. 高碳企业可能出现"漂绿"现象

转型金融在支持高碳行业低碳化转型的过程中，有可能会导致高碳企业出现"漂绿"现象，因此，转型金融需要时刻防范高碳企业的"漂绿"行为。

所谓"漂绿"风险，是指高碳企业在打造环保形象上投入大量的资金和精力，但实际行动却与环保理念背道而驰，比如执着于在保障自身既定收益的同时，扩大市场规模和影响力等。这种行为既不利于保护环境，也不利于市场秩序的稳定，是一种违背道德伦理甚至是违背法律制度的行为。

国际上最具有代表性的"漂绿"事件是大众汽车的排放门事件。大众汽车在部分柴油汽车上违规安装应对尾气排放检测的软件，这一软件能够自动调节汽车的尾气排放。当感知到汽车处于被检测状态时，就会自动降低汽车尾气排放，使汽车尾气达到高环保标准；而感知到汽车没有处于被检测状态时，便恢复正常的尾气排放。然而，在实际的操作中，这些汽车正常排放的尾气中的污染物严重超标，对于环境极为不利。

4. 高碳企业在转型过程中具有局限

转型金融支持高碳企业转型可能会带来理想的成效，但转型金融只是一种金融工具，而高碳企业要完成转型还需要技术、资金、政策等多方面的支持。

然而，目前高碳企业在转型过程中具有明显局限。比如：

- 相关的技术尚不成熟、性能较低，技术应用的成本较高、成效较差，技术体系尚不完善。
- 相关的资金不够雄厚，特别是高碳企业低碳化转型过程中资产搁浅的风险不断提升，同时投资回报的周期较长，且存在一定的不确定性，因此很多投资者为保障自身权益而拒绝在这一领域投资，进而导致高碳企业低碳化转型无法实现高额融资。
- 相关的政策制度不健全、不完善，在高碳企业转型方面，公共部门与私人部门的研究相互独立，且没有明确的合作渠道，从而无法形成统一的国际治理体系，也就无法有效地监测高碳企业转型的进程和成效。

推进转型金融发展的对策与建议

随着全球气候的恶化，高碳行业的低碳化转型成为目前世界各国发展的重要任务之一，各行业各领域都在不断努力，为实现碳中和做出贡献。

在金融领域，随着低碳转型理念的持续深入，转型金融的概念应运而生，并且在全球范围内引起了巨大反响，转型金融的出现使得金融机构不仅可以为绿色企业的发展提供融资服务，而且可以支持高碳企业开展低碳化转型，这意味着金融领域在实现全球碳中和方面将会做出更大的贡献。

正如前文所述，目前在全球范围内，转型金融还没有一个统一的、权威的定义，其标准和分类也尚不明确，因此难以实现系统性的应用和监管。此外，公司转型也需要大量的资金支持，但目前相关的投资项目不足，难以实现大规模融资，因此，转型金融支持高碳行业的低碳化转型仍面临许多困难。

尽管如此，转型金融作为一种行之有效且前景广阔的金融工具，其应用不仅可以有效提升高碳行业的低碳化转型效率，而且能够加快实现全球碳中和。为此，可以从以下几方面来推进转型金融的应用。

（1）明确转型金融的定义、标准和分类

国际权威组织可以结合国际市场上成功的转型案例，对转型金融项目的相关目录进行完善和调整，同时制定与可持续性相关的基准定义，以实现可持续性绩效指标的量化和标准化。

（2）引入全面的碳定价框架，完善转型风险定价模型

金融机构可以基于这一模型对相关数据进行分析、预测和评估，从而实现精准的碳定价，同时结合碳定价数据来制定合理的奖罚措施，以限制碳排放。

（3）政府要出台相关的财政激励政策

政府可以通过直接拨款或者针对转型债券设置税收优惠等方式来扩充市场资金，增强市场信心，以全面提升融资规模。

（4）公共部门与私人企业要加强沟通协作

双方要围绕转型金融的应用持续研发并创新相关的转型技术，提升转型金融支持高碳行业低碳化转型的效率和质量。同时，政府也可以帮助建立行业联盟，以支持相关部门对新技术进行开发、测试和部署。

第 4 章

低碳之路：企业转型金融的应用实践

制定企业低碳化转型路径

在转型金融支持高碳行业低碳化转型的过程中，金融机构要充分发挥自身的优势，一方面帮助企业制定转型路径，另一方面要辨明目标企业的项目性质。

在制定转型路径方面，金融机构要综合考虑行业特点、企业发展现状、企业发展情景、绿色发展政策等因素，帮助目标企业制定明确的转型路径。这一路径需要包含高透明度的信息披露政策，以便帮助发行人和投资者清晰地掌握企业的运作信息和先进技术信息等，从而吸引投资者投资。

同时，企业的转型路径需要紧紧围绕绿色发展的主题，通过技术模拟实践确定该路径的可行性，并且能够实现《巴黎协定》的 2 摄氏度的控温目标，确保该行业最终能够实现全面碳中和。此外，金融机构要帮助目标企业选取与转型路径一致的关键绩效指标（KPIs），以衡量目标公司绿色转型的成效，并据其对具体的转型措施进行优化调整。

在明晰目标企业的项目性质方面，金融机构根据项目的实施路径、目标及取得的成效来划分项目的性质，其中，将提升传统能源使用效率的项目归类为转型项目，将新能源开发与应用的项目归类为绿色收益项目。企业可以根据这些项目的特点制定相应的 KPI，以通过这些项目来加快企业的低碳化转型。

例如，西班牙最大的石油公司雷普索尔曾提出转型金融框架，该公司围绕转型金融设置了可再生能源及氢能源项目、生物燃料项目、清洁型运输项目等几项绿色收益项目，并不断扩大这些项目在企业整体项目中的占比，以从根源上降低企业碳排放。

此外，该公司还积极运用新技术提升碳捕集率，推动传统能源实现循环利用，从而提升传统能源的利用效率，以发挥转型项目的优势，从而全面降低企业的整体碳排放量。

搭建气候转型风险分析模型

气候转型是指为应对气候变化而进行的转型，在转型过程中企业势必会遇到许多风险，我们称之为气候转型风险，主要包括企业经营风险、技术创新风险、区域经济降速风险、能源转型风险等。由于气候转型风险通常呈现出不确定性和动态性等特点，因此，风险衡量也是一项较为艰难的工作。

目前，国际上较为流行且有效的衡量气候转型风险的方式是情景分析与压力测试。这种方式需要创建气候转型风险分析模型，以量化相关政策与技术变化对高碳行业经营产生的影响。这一模型框架包括五个步骤：设置气候情景、评估行业和宏观经济影响、分析对微观企业的财务影响、评估金融机构的风险、分析系统性金融风险的影响，如图4-1所示。

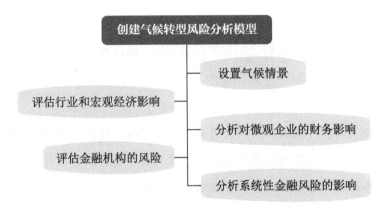

图4-1　创建气候转型风险分析模型的步骤

1. 设置气候情景

气候情景的设置通常要包含两大模块，一是一个基准情景，二是若干个转型情景。

例如，清华大学针对气候转型问题对我国煤电企业进行了研究，围绕《巴黎协定》的气候目标，结合全球各国的碳减排目标设定了一个基准情景，然后基于我国煤电企业的发展现状，按照当前的发展趋势来演进模型，预测可能出现的若干种结果，从而设定不同的转型情景。

2. 评估行业和宏观经济影响

基于第一步设定好的气候情景，创建相关的宏观经济计量模型或综合评价模型，分别对基准情景和转型情景进行模型推演，以模拟不同情景下高碳行业以及宏观经济指标的变化情况，从而评估气候转型带来的影响。

国际能源署（IEA）预测，2030年，全球煤炭的价格会上涨一定的幅度，对应地，煤电的需求将会大幅降低。据此便可以预测出未来我国煤电需求下降和碳价上涨的相关数据。

3. 分析对微观企业的财务影响

这一步是对上一步分析的转型风险对高碳行业和宏观经济的影响进行转化，将这些影响转化到微观企业的财务指标上。

基于上述结果，未来我国煤电需求持续下降，碳价也会上升，这就会导致企业的融资成本不断提升，从而导致企业经营成本不断上涨，进而对企业的资本收益率造成不良影响。

4. 评估金融机构的风险

在完成对目标企业财务指标所受影响的分析和预测后，再对目标企业财务指标的相关金融业务进行分析，明确与目标企业有业务往来的金融机构，并基于财务指标所受影响对相关金融机构可能遭受的风险进行分析、预测和评估。

将煤电企业近年来的财务报表数据与未来可能出现的变化进行结合分析，预测煤电企业未来的财务指标数据变化，并将这些数据输入违约率模型中进行推演，得到转型因素影响下的违约率结果，最终明确金融机构可能遭受的风险。

5. 分析系统性金融风险的影响

在完成单个金融机构风险的评估后，再结合金融机构与煤电企业之间的业务往来以及各个金融机构之间的关联性，对系统性监管指标的变化进行分析，如银行业的核心资本充足率、保险行业的偿付能力充足率等，从而系统性地评估金融行业运行秩序的稳定性以及可能遭受的风险。

选择合适的转型金融工具

转型金融推动高碳行业的低碳化转型，需要根据不同企业的发展特点和目标计划选取合适的金融工具，同时设定合适的转型金融框架，以高效、有序地推进高碳行业的低碳化转型。目前，国际市场上常用的转型金融工具主要有三种，如图4-2所示。

图4-2　国际市场上常用的转型金融工具

1. 绿色债券类目下的转型债券

这种转型债券的主要作用是帮助高碳排放的棕色行业筹集资金，并用于变革其工业体系，降低其工业活动中的温室气体排放量，以实现棕色行业企业的净零排放。

例如，2019年，欧洲复兴开发银行（EBRD）发行了绿色转型债券，帮助"难减排"行业提升能源使用效率。此外，英国天然气分销公司Cadent Gas Limited 发行的"转型债券"也属于这一类债券。

2. 可持续性挂钩债券

公司通过发行这类债券进行融资，所得的债券收益可以用于公司的一般经营，而并非仅局限于绿色项目或可持续性项目。公司会首先设定一项可持续性绩效目标（SPTs），并将发行债券所得的收益投入到相应的经营活动中，最终得到相应的关键绩效指标（KPIs），再将 KPIs 与 SPTs 进行对比分析，评定公司的转型成效或可持续性发展成效。如果公司绩效未达到 SPTs，那么债券发行者需要支付额外费用。

因此，这类债券相当于一种基于企业绩效的债券类型，具有较强的前瞻性，在公司绿色低碳转型以及可持续发展方面能够发挥重要的推动作用。

3. 可持续性挂钩绿色债券

这类债券是在可持续性挂钩债券的基础上，融合了绿色债券的使用收益模式，是一种新的混合型债券。这类债券遵循可持续性挂钩债券的发行要求，而发行所得则主要用于绿色项目或以可持续性为目标的项目中。

例如，2021 年 3 月，日本建筑公司高竹（Takamastu）发行了可持续性挂钩绿色债券，属于世界范围内的先例，该公司设定这一债券的发行周期为五年，融资收益主要用于制造新型环保材料。这类债券灵活性更强，并且在推动高碳企业低碳化转型方面效率更高，预计未来这类债券将广泛应用于转型金融市场。

设定针对转型项目的监管框架

转型金融推动高碳行业开展低碳化转型，还需要基于转型金融框架来设定合适的监管框架，一方面通过强制性监管减少道德风险和"漂绿"风险；另一方面提升社会各界的认可度，从而实现大规模融资。金融机构以及相关信用评级机构在对转型项目进行监管的过程中，内部监督和企业外部报告两方面缺一不可。

1. 内部监督方面

金融机构一方面需要对目标项目进行定期审查和重新校准。例如，审查是否存在早于上线预期的新技术，如果有，那么根据相关技术和目标项目的进展情况重新校准制定流程，以实现项目优化改进，最终准确掌握项目的运营情况以及市场发展情况。另一方面结合目标项目选定合适的 KPI，并选取适当的跟踪与估算工具来跟踪绩效公司的实施流程和相关项目开展的实际绩效，从而掌握这些 KPI 相关项目的交付情况。其中，合适的估算工具可以是衡量温室气体的绩效工具，或者是其他相关 KPI 等价物等。

此外，有些金融机构还会设计转型融资计划，这些金融机构还需要综合考虑目标企业的投资范围、投融资状况、风险偏好、长期气候转型风险等要素，结合实际情况来调整修改自身的风险管理实践，同时要调整投资风险权重，以更清晰地反映转型路径，并将其纳入监管资本行列。

例如，西班牙最著名的炼油公司 Repsol 会借助绿色债券、转型债券等收益融资工具进行融资，并将融资收益用于支持以开发和应用新能源或可再生能源为主的绿色转型项目、以提高传统能源使用率为主的项目等，为此，该公司专门成立了可持续融资委员会，主要职责是对上述几种项目的关键绩效指标进行监控，同时对可持续性绩效目标进行校准，以实现对上述项目的审查、筛选和监督。

2. 企业外部报告方面

按照要求，转型企业需要定期输出外部报告，实现转型项目信息透明共享，以确保金融机构、相关信用评级机构以及其他社会主体能够准确掌握这些信息，从而提升监管效率。

其中，企业所发布的外部报告一方面要包含所选 KPI 的相关信息，企业需要基于项目后续跟进的情况，对 KPI 的最新信息进行准确披露，并结合转型计划的相关内容，详细阐述 KPI 对可持续性发展做出的贡献，如基于转型战略以及修订后业务运营情况的资本支出情况等；另一方面要包含企业转型计划之外的其他行为信息，包括资产退役情况、供应商关系修订情况、多样化的产品线等，通过这些信息来衡量企业转型应当达到的效果和实际达到的成效，并根据实际情况来变革实施路径或优化转型计划等。

第二部分 | 绿色金融产品谱系

第5章

绿色信贷：构建低碳循环发展经济体系

绿色信贷的概念特征与发展现状

作为现代经济的核心，金融在推动产业低碳转型、绿色发展、实现碳达峰与碳中和的过程中发挥着重要作用，这种作用主要表现在三个方面，一是优化资源配置，二是调节市场定价，三是强化风险管理。基于金融行业的重要性，为了尽快实现碳中和，目前欧美等西方国家及主要金融机构都在积极布局低碳金融、绿色金融，完善顶层设计，创新金融产品，制定相关标准。

在此形势下，我国商业银行亟须将"双碳"目标纳入经营发展战略，围绕碳排放测算制定一套合理可行的标准，完善相关的政策体系与管理制度，将碳排放列为环境信息披露的一项重要内容，在低碳金融产品创新领域投入更多资源，将绿色技术、绿色项目、低碳转型项目等作为重点支持对象，为绿色项目、绿色产业分配更多资源，为节能减排、绿色发展、"双碳"目标的实现提供更多支持与助力。而在绿色金融领域，绿色信贷受到了广泛关注。

1. 绿色信贷的概念与特征

（1）绿色信贷的概念

绿色信贷也被称为可持续融资或环境融资，从宏观层面看，绿色信贷指的是金融机构在遵循产业政策的基础上，利用利率对信贷资金的流向进行调控，以实现资金的绿色配置。主要包括两大措施：

- 对高能耗、高污染行业进行信贷管制，通过提高项目准入门槛、实行贷款额度限制、提高贷款利率等措施提高融资成本，限制这些行业发展，引导其向着绿色、低碳的方向转型发展。
- 为节能环保、绿色低碳产业提供信贷优惠，支持这些产业不断扩大发展规模，释放出更大的生态效益，并反哺金融机构，实现金融行业与生态的良性循环。

（2）绿色信贷的特征

绿色信贷有五个典型特征，具体如图 5-1 所示。

图5-1 绿色信贷的特征

- **集中性**：绿色信贷支持的行业比较集中，以节能环保行业、清洁生产行业、清洁能源行业、基础设施绿化行业、生态保护行业以及绿色服务业为主。
- **服务广泛性**：绿色信贷的服务范围比较广，包括常规绿色产业、创新性绿色产业以及待探索的绿色产业等。

- **服务差异性**：随着商业银行对绿色信贷的认知不断加深，市场上出现了很多新型的绿色信贷产品，使得绿色信贷业务在商业银行各项业务中的占比不断提高。但由于商业银行对绿色信贷业务的探索刚刚起步，所推出的绿色信贷产品比较相似，为了在市场竞争中占据优势，各商业银行只能从服务入手，打造差异化的服务。
- **整体的融合性**：绿色信贷与资产业务、中间业务密切相关。
- **盈利性**：商业银行推出绿色信贷业务的主要目的是盈利，这是商业银行发展绿色信贷业务的出发点与落脚点。

2. 我国绿色信贷的发展现状

在提出"2030年实现碳达峰，2060年实现碳中和"之后，我国政府围绕"双碳"目标的实现做了一系列部署，其中就包括构建绿色金融体系。于是，我国成为世界上第一个由中央政府推动构建绿色金融体系的国家。虽然距离2060年实现碳中和还有近40年的时间，但因为我国仍处在高速发展阶段，碳排放呈现出体量大、规模仍在持续增长的趋势。为了实现"双碳"目标，我国要尽快转变经济发展方式，培养绿色生活习惯与消费习惯，调整产业结构、能源结构与投资结构，这些都离不开绿色金融的支持。

中国人民银行公开数据显示，截至2022年6月末，我国绿色贷款余额为19.55万亿元，绿色债券余额超过1.3万亿元，碳减排支持工具带动减少碳排放量超过8000万吨，其中，节能环保产业贷款余额为2.63万亿元，基础设施绿色升级产业贷款余额为8.82万亿元，清洁能源产业贷款余额为5.04万亿元。

从不同行业来看，各行各业的绿色贷款均有所增长。从整体来看，绿色信贷资产质量较高，根据银保监会的披露，我国银行业整体不良贷款率在 2% 左右，但绿色信贷不良贷款率已连续五年低于 0.7%。

虽然我国绿色信贷发展取得了不错的成绩，但绿色贷款余额在全部金融机构贷款余额中的占比比较低，绿色信贷仍有很大的发展空间。尤其是在"双碳"背景下，企业的低碳转型、能源结构调整、消费方式转变、绿色技术与产品研发等无一不需要大量资金的支持，而贷款融资离不开商业银行。由此可见，为了消除制约绿色经济发展、实现碳中和的资金瓶颈，我国要完善绿色金融市场体系，鼓励银行等金融机构创新绿色金融工具。

"双碳"愿景下的绿色信贷

"双碳"目标为我国经济转型指明了方向。为了实现这一目标，政府围绕绿色经济发展发布了许多支持政策，推动产业结构、投资结构做出一定的调整，完善气候治理体系，提高气候治理能力。在这个过程中，碳交易、生态环保、新能源、绿色技术、低碳产品等领域将涌现出大量投资机会。

1. 持续加大绿色产业投资

为了实现"双碳"目标，我国将大量减少高碳排放项目，将更多资源投向绿色、低碳项目，推动低碳行业快速发展，通过这种方式加强碳排放目标管理。

根据国家气候战略中心的计算，到 2060 年我国面向气候领域的新增投资规模需要达到 139 万亿元，绿色经济方面的年均投资规模也需要达到万亿元，其中大部分项目需要商业银行联合社会资本进行投资，让更多金融资源流向绿色产业与项目。在这种情况下，商业银行的市场空间将得到极大的拓展，也将形成新的利润增长点。

2. 加快促进碳市场发展

碳市场是绿色金融体系的重要组成部分，是实现碳减排的重要工具。因此，我国要尽快完善碳市场建设，健全碳市场的交易机制，保证绿色产权交易定价的合理性，促使碳技术与资金流向低碳领域，鼓励企业开展技术创新，实现节能减排，自主调整产业结构，既要保证"双碳"目标如期实现，又要降低整体成本。

目前，虽然我国早在 2017 年 12 月就宣布启动全国碳排放权交易市场建设，并陆续出台了很多文件与方案，建设了碳排放权交易试点。但我国这些试点地区的碳排放交易量比较低，碳市场的活跃度比较差。为了解决这一问题，促进碳市场更好地发展，我国要围绕碳市场建设做好顶层规划，统筹考虑各种因素，将碳市场建设与发展纳入绿色金融体系整体框架，通过碳市场建设与发展带动绿色金融发展，为碳中和目标的实现提供强有力的支持。

3. 促进绿色金融产品创新

近年来，金融机构推出了很多绿色金融产品，但相较于涵盖范围极广、链条极长的低碳产业来说，这些金融产品的类型仍显得比较单一，创新程度仍然不足，无法为"双碳"目标的实现提供强有力的支持。另外，商业银行存在很多需要进行绿色化改造的存量信贷，需要类型更加丰富的金融产品的支持。

在这种情况下，商业金融必须加大创新力度，开发出更多新型的绿色金融产品与绿色信贷经营模式，以抓住"双碳"带来的良好机遇，在绿色经济、绿色产业领域率先布局。

4. 完善绿色金融政策体系

我国现有的绿色金融标准体系与"双碳"目标的契合度比较低，一些金融界定标准甚至不符合碳中和对净零碳排放的要求。在首部绿色金融法规——《深圳经济特区绿色金融条例》发布之前，我国发布的绿色金融制度大多是规范性文件，缺乏全国性的标准和法律规定。

即便在《深圳经济特区绿色金融条例》发布之后，我国绿色金融政策仍不完善，具体表现为绿色金融的环境评估标准不明确、行业指导目录不完善、绿色信贷披露机制和信息共享机制不健全等，无法满足"双碳"目标的需求。除此之外，在绿色信贷领域，我国仍需要不断改进相关的政策激励机制，让税收、贴息等激励手段发挥出应有的作用，鼓励商业银行主动发展绿色信贷。

为了完善银行业的绿色金融体系，提高金融对绿色产业的支持能力，2021年5月27日，中国人民银行印发《银行业金融机构绿色金融评价方案》，宣布将绿色金融评价结果纳入中国人民银行政策和审慎管理工具，鼓励金融机构探索绿色金融评价结果的应用路径，激励金融机构加大对绿色信贷的投放，并提出"将主体信用评级不低于AA级的绿色债券以及符合条件的绿色贷款纳入合格抵质押品范围"。

5. 加强环保信息通报及公示制度

金融机构想要引导资金投向绿色产业，必须提高环境信息披露水平。但目前，我国环境违法信息平台建设刚刚起步，功能尚不完善，可披露的环境信息比较少，披露的内容也比较简单，无法满足碳中和的要求。从企业层面看，企业主动披露的环境信息比较少，很多企业不愿意披露环境信息；从银行的层面看，银行获取企业环境信息的渠道比较少，能够掌握的信息不足，而且很多信息属于老旧信息。

为了解决这些问题，金融机构可以将管理碳排放纳入环境与社会风险管理流程，要求企业披露最新的碳排放和碳足迹等信息。为了提高企业的配合度，政府要完善与气候和环境信息披露有关的法律法规、规章制度、管理办法与配套细则，明确披露主体、披露内容、监督管理要求，形成常态化的工作机制，并尝试在社会责任报告或环境信息披露专题报告中加入碳排放相关信息，促进绿色金融实现更好的发展。

绿色信贷带来的机遇与挑战

在绿色信贷受到广泛关注的背景下，我国商业银行势必要将绿色信贷作为信贷业务的重点转型方向。但就我国金融领域的发展现状来看，绿色信贷在为商业银行的发展带来机遇的同时也带来了一系列挑战，如图5-2所示。

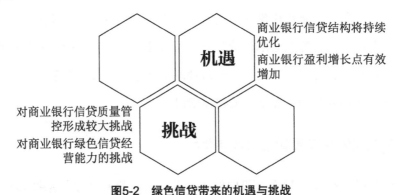

图5-2 绿色信贷带来的机遇与挑战

1.绿色信贷带来的机遇

（1）商业银行信贷结构将持续优化

在"双碳"背景下，我国绿色经济、低碳经济将快速发展，绿色信贷的规模将持续扩大，优质的绿色贷款将不断增加，这会促使商业银行的信贷结构持续优化。

因此，为了助力"双碳"目标实现，商业银行要调整信贷资金的流向，为绿色经济、循环经济等产业分配更多贷款，同时压缩高能耗、高污染、低水平企业与项目的贷款，整合更多资源用于发展绿色信贷，持续优化信贷结构，提高信贷资产的质量。

（2）商业银行盈利增长点有效增加

目前，我国商业银行主要的利润来源仍然是贷款利息与存款利息的差额，利润水平在很大程度上取决于资本消耗水平与经济周期的长短。为了助力"双碳"目标的实现，商业银行将逐渐减少非低碳类信贷业务，将更多信贷资金投向低碳类信贷业务，并且要降低贷款利率以支持低碳类企业与项目发展。

从短期看，这一行为将导致商业银行的盈利能力下降，但从长期看，将给商业银行带来很多新的盈利增长点：

- 商业银行可以通过增加绿色信贷规模来弥补降低贷款利息所蒙受的损失；
- 商业银行可以将更多资金投向低资本消耗的绿色信贷业务，可以减少资本消耗，提高信贷资金的使用效率，让单位信贷资金发挥出更大的价值，优化信贷业务空间，拓展更多信贷业务；
- 由于低碳企业、绿色企业可以享受很多利好政策，发展空间、盈利空间比较广阔，商业银行将信贷资金投向这些企业，可以提高信贷资产的质量，更好地规避信贷风险，节约经营成本，获得更加可观的利润；
- 商业银行通过减少短期盈利让利实体经济，可以稳定整个金融行业的发展，通过创新绿色金融产品与服务，可以转变盈利模式，提高盈利能力，实现可持续发展。

2. 绿色信贷带来的挑战

（1）对商业银行信贷质量管控形成较大挑战

目前，在我国商业银行的存量贷款结构中，高碳类存量贷款占比较大。在"双碳"背景下，我国碳排放标准必然会不断提高，为了达到标准，高碳类企业不得不增加在环保处理方面的投入，而这会导致经营成本大幅增加。

同时，高碳产品的市场接受度会不断下降，导致企业收益减少、融资成本增加，进而导致还款能力下降，严重情况下还可能面临亏损，使得企业不得不宣布破产倒闭，最终无力偿还贷款，使商业银行蒙受巨大的损失。对于商业银行来说，"双碳"目标可能会导致这种违约风险的发生概率大幅提高，给信贷风险管理带来一定的挑战。

（2）对商业银行绿色信贷经营能力的挑战

绿色产业涵盖的范围比较广、链条比较长，各行业和产品之间存在较大差异，而且新行业、新产品层出不穷，例如核能、太阳能、风能、氢能、生物质能、碳捕集、碳汇、资源循环利用等。商业银行为了保证信贷资金的安全必须对这些行业与产品做出全面细致的了解，明确绿色产业的技术路径，对绿色产业市场与技术更迭的不确定性做出科学判断，而目前商业银行的大多数业务人员很难做到这一点。

再加上商业银行缺少面向绿色产业的评估体系与量化工具，评估方法不太科学，无法对低碳项目、绿色项目的收益情况进行量化分析与准确评估，也无法精准识别高碳资产的潜在风险，给绿色信贷业务的开展带来了一定的挑战。

我国绿色信贷的实践对策与建议

目前，我国商业银行必须以"双碳"目标为导向，根据国家宏观经济调控政策与现阶段经济发展形势，以绿色产业、绿色项目为重点，不断创新绿色产品与绿色服务，完善绿色信贷服务工具与体系，为绿色信贷、绿色金融的发展提供强有力的支持，具体策略如下。

1. 形成绿色信贷发展共识

整个银行业要围绕绿色信贷的发展形成统一认知，围绕绿色金融形成统一的发展战略，建立健全绿色信贷长效发展机制，对各家银行的发展战略、信贷策略、管理流程、产品服务等产生一定的指导。

在组织架构层面，各家商业银行要明确自己在发展绿色信贷方面的职责，按照绿色信贷发展的统一要求有序发展；在政策层面，我国银行业要形成统一的绿色行业信贷政策体系，鼓励各家银行在绿色经济、低碳经济领域投放更多资源。

2. 加强绿色信贷业务的管理

（1）健全绿色信贷准入规则，提高准入门槛，创建一套覆盖整个绿色信贷流程的信贷标准

中国人民银行要率先确定绿色信贷的基本原则，指导各级商业银行确立自己的绿色信贷原则，针对绿色信贷调查、审查、审批、合同签订、贷后管理等环节制定统一的管理标准，明确各环节的重点事项。

对于可能存在环境风险隐患的重点行业，例如化工、制药、有色金属等，商业银行要提高绿色信贷准入标准，明确审查重点与标准，包括项目选址的合理性、污染物排放是否合规、资源消耗比例等，并且要对信贷总量控制、信贷准入、贷前审查、贷后管理等事项做出明确规定，以保证信

贷管理的科学性与有效性。

（2）控制环境风险较高的项目的贷款规模，尽快退出这些项目，加大对绿色项目的资金支持

商业银行要时时关注监管部门或主管部门发布的企业信息，如果发现自己的贷款客户存在环保违规的情况且一直没有按要求整改，要及时将其纳入信贷退出名单，制定应对方案并尽快从该项目退出。

对于高能耗、高碳排放、环境污染严重的环境敏感型企业，商业银行要采取收缩政策，逐步缩减这类企业的贷款规模，降低其在贷款客户中的占比；对于专注于清洁能源、绿色环保、生态保护等领域的企业，商业银行要采取积极的信贷政策，逐步降低信贷门槛，扩大信贷规模，提高这类客户在信贷客户中的占比，而且要在风险、收益相同的情况下优先为这些企业提供信贷资金，从而改善信贷结构。

（3）利用科技手段做好对贷款企业的监督与管理，制定严格的考核标准，保证绿色信贷的效益

商业银行要利用大数据、人工智能等技术，通过权威媒体、平台或渠道获取企业的环保信息，将其标注在信贷台账系统中，创建动态的企业环保信息数据库，按照生态环境部有关环保标准和环境违法处罚的规定，对贷款企业的环保风险进行评估，然后对其进行分级管理。

对于已经发放贷款的客户，商业银行要定期通过国家级以及省级的环保网站、国家或地方的环保部门、其他媒体网站查询这些客户有无环保违规行为，据此对信贷策略进行调整。

3.加强绿色信贷产品创新

商业银行要以"双碳"目标为指导积极推进绿色信贷产品创新，包括碳排放权质押贷款、低碳设备融资租赁业务、国际碳保理融资、碳收益支持票据、新能源汽车贷款、小额环保升级改造项目等；创新抵押质押方

式，扩大抵押、质押品的范围，允许企业通过抵押碳额度获取贷款；创新绿色业务发展模式，在绿色信贷领域投入更多资源，提高绿色金融业务在整体业务结构中的占比。

4. 争取外部政策配套支持

为了支持绿色金融更好地发展，监管部门要发布一些支持政策，明确绿色金融资产的风险分类标准，为商业银行发展绿色信贷业务提供一定的支持；适当放宽对绿色金融资产的银行资本管理要求，降低对绿色贷款的拨备计提数额及覆盖率的要求，鼓励商业银行将更多资源投向绿色信贷领域。

政府可以制定绿色信贷风险补偿机制，为符合要求的企业提供优惠政策，包括税收优惠、财政贴息、风险补助等，以提高企业的抗风险能力；地方政府可以对管辖区域的绿色产业进行调查，将优秀的绿色产业生成一个名单，及时发布绿色企业的立项、环评等情况，为银行了解企业情况、审批企业的融资需求提供更多支持。

【案例】建设银行："绿色租融保"模式

随着绿色发展理念日益深入人心，绿色经济飞速发展，为了优化经济结构，提高经济发展速度，适应经济全球化，实现经济可持续发展，我国将绿色产业放在经济发展的重要位置，大力推进绿色金融创新发展，并不断扩大绿色金融市场规模。

2018年6月，中国建设银行广州分行将花都支行升级为绿色金融试验区花都分行，并在此基础上建设绿色金融创新中心，充分发挥绿色金融优势，推动绿色金融改革。从创新模式上来看，中国建设银行花都分行创新开展"绿色租融保"等绿色金融业务，发挥海外融资优势，以便为企业提供全新的绿色信贷服务。以绿色租融保为例，花都分行采用一次性买断租赁公司对公交企业的应收账款的方式来为广州市公交集团提供新能源公交车置换解决方案，不仅能够通过引进境外资金减少自身在融资和运营方面的成本支出，解决购置成本高的难题，还能有效提高经济效益和环境效益，在节约能源的同时减少污染物的排放。

1. "绿色租融保"模式的具体做法

广州市公交集团、融资租赁公司、新能源公交车厂商、中国建设银行花都分行及其境外分支机构是绿色租融保业务的参与者。具体来说，在绿色租融保业务当中，各个参与方主要需完成以下几项工作：首先，融资租赁公司应与广州市公交集团签订融资租赁合同，与中国建设银行花都分行签署无追保理协议；其次，中国建设银行花都分行应根据无追保理协议安排境外分支机构将贷款发放至融资租赁公司，并将贷款受托支付给新能源公交车厂商；再次，广州市公交集团应向融资租赁公司还租；最后，融资租赁公司向中国建设银行境外分支机构还贷。

中国建设银行花都分行的绿色租融保能够充分发挥境外资金的作用，改善资金流动格局，为广州市公交集团提供具有低成本、高效益等特点的新能源公交车置换融资解决方案，同时还能达到广州市公交集团在项目审批时间、融资负债和成本控制等方面的要求，并成功帮助广州市公交集团获得 20 亿元的项目金额。

2. "绿色租融保"模式的实践价值

（1）融资租赁能够帮助企业化解高额购置成本带来的资金难题

在交通领域，城市公交公司是公益性企业，具有票价低、亏损重等特点，因此难以支付高昂的新能源公交车购置成本，融资租赁能够加大现金流量，延长资金通融期限，进而降低购置新能源汽车对公交公司的现金流的影响，帮助公交公司化解资金难题。

（2）融资租赁能够帮助企业减少在融资和运营方面的成本支出

在融资租赁模式下，银行可以通过引进境外资金来降低融资成本，让公交公司享受到低于基准利率的融资成本，同时，公交公司还可以不承担融资负债，以分期付款的方式还租，进而降低融资成本，充分确保企业运营的稳定性。与普通燃油公交车相比，新能源公交车的使用成本更低，因此公交公司借助融资租赁的方式来置换新能源公交车能够大幅减少运营方面的成本支出。

（3）融资租赁能够帮助企业获取更高的环境效益

与普通燃油公交车相比，新能源公交车具有低能耗、低排放等优势，公交公司通过融资租赁的方式来推进新能源公交项目落地能够减少能源消耗，降低污染物排放量，进而达到优化环境和提高环境效益的目的。

第6章

绿色债券：低碳转型的重要融资工具

我国绿色债券的演变与发展历程

相较于金融领域发展较早的发达国家，我国绿色债券起步比较晚。2007 年，欧洲投资银行（EIB）发行了全球第一只绿色债券，八年后我国的新疆金风科技股份有限公司才通过香港联交所发行了第一只绿色债券。虽然在此之前也有一些企业与机构尝试发行与绿色领域有关的债券，但因为缺乏政策支持，债券得不到市场的普遍认可，所以没有成为投资者公认的绿色债券。下面对我国绿色债券的发展历程进行具体分析，如图 6-1 所示。

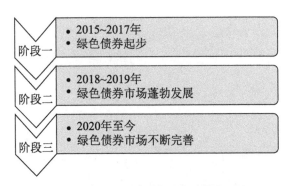

图6-1 我国绿色债券的演变与发展历程

绿色债券可以细分为两种类型，一类是贴标债券，一类是非贴标债券。我国没有对贴标债券做出明确界定，可以借鉴气候债券倡议组织给出的定义，贴标债券是指一国市场上经监管机构批准发行的绿色债券，或者在交易场所注册的带有"绿色"标签的债券。"绿色"是绿色债券区别于普通债券的本质特征。

1. 2015 ～ 2017 年，绿色债券起步

2015 年 7 月，新疆金风科技发行了我国第一只绿色债券。2015 年 12 月，为了规范我国绿色债券市场，规范引导绿色债券的发行，中国人民银行发布《关于在银行间债券市场发行绿色金融债券有关事宜公告》与《绿色债券支持项目目录（2015 年版）》，成为我国绿色债券市场正式启动的标志。

此后，我国政府部门与各交易所相继发布了一系列与绿色债券有关的政策与法规，包括国家发展改革委发布的《绿色债券发行指引》、上海证券交易所和深圳证券交易所分别发布的《关于开展绿色公司债券试点的通知》、中国银行间市场交易商协会发布的《非金融企业绿色债务融资工具业务指引》等。在这些政策文件的指导下，我国绿色债券市场不断完善，绿色债券发行规模持续增长。

2. 2018 ～ 2019 年，绿色债券市场蓬勃发展

根据 Wind 金融数据库提供的资料，2018 年在我国境内共有 99 个发行主体发行贴标绿色债券共 129 只，发行规模为 2221.97 亿元，同比增长 8.66%。2019 年，中国的绿色债券市场也呈现出强劲的发展态势，根据新华财经中国金融信息网绿色债券数据库提供的统计数据，2019 年在我国境内共有 146 个主体发行贴标绿色债券共 197 只，发行规模为 2822.93 亿元，同比增长 26%。

3. 2020 年至今，绿色债券市场不断完善

在"双碳"目标提出之后，为了鼓励绿色债券进一步发展，我国政府

发布了更多支持政策，下面对这些政策进行详细梳理。

2020年7月，中国人民银行、国家发展改革委和证监会联合颁布《关于印发〈绿色债券支持项目目录（2020年版）〉的通知（征求意见稿）》，对我国的绿色债券市场进行规范，并进一步明确了绿色债券的支持项目和领域，节能环保产业、清洁能源产业、生态环境产业等气候友好型项目均被纳入绿色债券的支持范围，同时，绿色债券也不再支持传统化石能源生产和消费类项目。具体来说，我国可以通过向气候友好型项目提供税收优惠、风险权重优惠、信贷绿色通道等方式为绿色企业的投融资提供方便，从而达到提高投融资效率的目的。

2021年4月，中国人民银行、国家发展改革委、证监会联合发布《关于印发〈绿色债券支持项目目录（2021年版）〉的通知》，并随文发布《绿色债券支持项目目录（2021年版）》，对绿色债券的标准与用途做了明确规定，对绿色债券的类型做了细致划分，新增绿色装备制造、绿色服务等产业，将化石能源清洁利用等高碳排放项目删除，实现了与国际通行标准接轨。

2021年7月13日，上海证券交易所修订了《上海证券交易所公司债券发行上市审核规则适用指引第2号——特定品种公司债券》，对碳中和绿色公司债券的发行、上市、挂牌、信息披露等事项做出了明确规定；深圳证券交易所发布《深圳证券交易所公司债券创新品种业务指引第1号——绿色公司债券（2021年修订）》，对绿色债券资金的应用范围及绿色债券上市、挂牌转让等行为做出了明确规定。

随着与绿色债券有关的政策越来越多，绿色债券的顶层设计愈发完善，无论概念还是规则都愈发清晰。2022年7月，绿色债券标准委员会发布的《中国绿色债券原则》对绿色债券做出了明确定义："绿色债券是指将募集资金专门用于支持符合规定条件的绿色产业、绿色项目或绿色经济活动，依照法定程序发行并按约定还本付息的有价证券。"

赋能绿色产业高质量发展

为了实现金融领域的碳中和，世界各国都在积极构建绿色金融体系，大量发行绿色债券。我国从 2015 年开始着手构建绿色金融体系，此后，我国绿色债券市场进入快速发展阶段。根据中国人民银行研究局的相关研究，2022 年 6 月末，我国绿色债券的存量规模已经达到 1.2 万亿元，位居全球第二位。

在取得了一系列成绩的同时，我国绿色债券在发展过程中也出现了一些问题，例如绿色债券标准不健全、监管机制不完善等，需要进一步强化发行端的政策支持，加强产品创新，丰富产品体系，优化投资者结构，健全风险补偿机制。

以中央国债登记结算有限责任公司（以下简称"中央结算公司"）为例，作为中国金融学会绿色金融专业委员会的理事单位，中央结算公司在支持发展绿色金融、建立健全绿色金融体系、助力"双碳"目标实现方面做了一系列探索与实践，具体分析如下。

第一，中央结算公司为绿色债券提供全生命周期服务，包括发行、登记、托管、交易结算、付息兑付、估值、担保品管理、信息披露等。

第二，创新绿色债券识别理念，提出"实质绿"这一概念，为绿色债券标准建设提供支持与助力。"实质绿"指的是募集资金投向符合四项绿色债券标准❶之一且投向绿色项目的募集资金占比不低于 50% 的债券。"实质绿"可以用来识别大量未贴标但实际投向绿色项目的债券，辅助相关机构对这类债券进行科学管理。

第三，从 2016 年开始，中央结算公司下属中债金融估值中心有限公

---

❶ 四项绿色债券标准分别指中国人民银行发布的《绿色债券支持项目目录（2015 年版）》、中华人民共和国国家发展和改革委员会发布的《绿色债券发行指引》、国际资本市场协会发布的《绿色债券原则》、气候债券倡议组织发布的《气候债券分类方案》。

司陆续编制并发布了中国首批绿色债券指数，对绿色债券市场的发展产生了积极的推动作用。中债绿色系列指数模块包含中国绿色债券指数、中国绿色债券精选指数、中国气候相关债券指数、兴业绿色债券指数、碳中和绿色债券指数等，展现了各期限指数的业绩表现，为投资者做出绿色投资决策提供参考。

第四，中债金融估值中心有限公司在 2019 年启动了中债 ESG 研发项目，在借鉴国际主流方法和经验的基础上，结合我国的实际国情和债券市场的特点，全面采集债券市场发债主体 ESG 数据信息，构建债券发行主体 ESG 评价体系，不仅填补了我国债券市场 ESG 评价体系的空白，推动了 ESG 理念在债券市场广泛应用，提升了 ESG 信息披露水平，而且有效保护了债券投资者的利益，对经济高质量发展产生了积极的推动作用。

发行绿色债券是绿色融资的重要渠道，是通过市场化的方式引导社会资本参与绿色发展的重要举措。在政府、行业、企业自上而下的努力下，我国绿色债券的政策框架基本形成。

2015 年 9 月，国务院印发《生态文明体制改革总体方案》，首次提出要做好绿色金融体系顶层设计，推动绿色债券市场发展；2015 年 12 月，中国人民银行发布《绿色债券支持项目目录（2015 年版）》，国家发展改革委紧随其后发布《绿色债券发行指引》，标志着我国绿色债券市场正式启动。

在相关政策的推动下，我国绿色债券市场进入快速发展阶段，发行人与投资者越来越多，绿色债券的界定标准逐渐统一，支持的项目越来越多，在资源配置、风险管理与市场定价等方面的优势愈发明显，对绿色经济发展的支持作用也不断增强。为了提高我国绿色债券市场的规范化程度，引导更多企业与机构将更多资金投向绿色项目、绿色产业，为"双碳"目标的实现提供支持与助力，中国人民银行、国家发展改革委、证监会于2021 年 4 月联合发布了《绿色债券支持项目目录（2021 年版）》（以下简称"新版《目录》"），新版《目录》发布的意义和价值主要体现在以下几个方面。

（1）统一了国内绿色项目的界定标准

在新版《目录》发布之前，绿色债券的界定标准不统一，每个企业与机构都有自己的标准，给绿色债券项目的开展带来了极大的不便。新版《目录》对绿色项目的标准做出了统一界定，为投资人、投资机构、金融机构选择绿色项目提供了具有权威性的依据，对我国绿色债券市场的规范发展产生了强有力的推动作用。

（2）使得我国绿色债券标准与国际主流标准接轨

从本质上看，煤炭等化石能源属于高碳排放项目，即便是这类能源的清洁改造项目也摆脱不了这一属性。按照国际主流的绿色债券标准，这类项目不能纳入绿色债券的支持范围。所以，新版《目录》剔除了化石能源清洁利用项目，并引入国际通行的"无重大损害"原则，实现了我国绿色债券标准与国际主流标准的接轨。

（3）细化了绿色债券支持项目目录

与《绿色债券支持项目目录（2015年版）》相比，新版《目录》增加了未来几年我国重点发展的绿色产业类别，包括绿色农业、绿色建筑、水资源节约、非常规水资源利用等，项目涵盖范围有所扩大，目录划分愈发细致，从原来的三级目录细分为四级目录，项目从38项增加到了204项，而且对每个项目都做出了详细、严谨的说明。

（4）拓展了我国绿色债券发展的支持范围

新版《目录》的二级目录和三级目录与国际主流分类标准基本一致，为境外投资机构与投资人查询我国的绿色债券并投资提供了方便。此外，这种目录结构还有利于增加新的分类层次。随着绿色金融、绿色债券不断完善，相关机构可以在这个目录中增添新的项目，不断拓展绿色债券的支持范围。

我国绿色债券市场存在的问题

近几年，我国绿色债券市场快速发展，在取得了一系列成绩的同时也出现了很多问题，集中体现在以下几个方面，如图 6-2 所示。

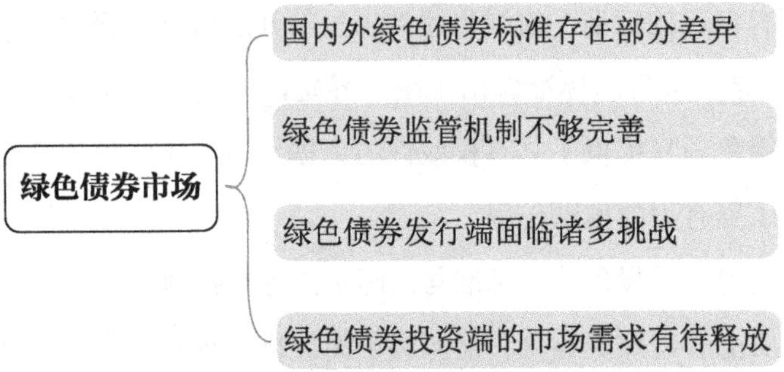

绿色债券市场

- 国内外绿色债券标准存在部分差异
- 绿色债券监管机制不够完善
- 绿色债券发行端面临诸多挑战
- 绿色债券投资端的市场需求有待释放

图6-2 我国绿色债券市场存在的问题

1. 国内外绿色债券标准存在部分差异

虽然《绿色债券支持项目目录（2021 年版）》实现了国内绿色债券界定标准与国际主流标准的对接，但各国的国情不同、政策支持重点不同导致我国绿色债券的分类标准与国外绿色债券的分类标准仍存在很多差异。

例如，在募集资金的投资方向上，国际绿色债券的募集资金投向一般用途的比例不会超过 5%，而我国绿色债券募集资金投向一般用途的比例要高很多，绿色企业债券可能会将 50% 的资金用于一般用途，绿色公司债券可能会将 30% 的资金用于一般用途。这种标准差异不仅给国内外的绿色债券互认带来了一定的困难，而且使我国开展绿色债券跨境投资与交易的成本大幅增加。

2. 绿色债券监管机制不够完善

我国绿色债券监管机制不完善主要表现在两个方面：

一方面，第三方评估认证机构的行为需要进一步规范。虽然中国人民银行与证监会联合发布了《绿色债券评估认证行为指引（暂行）》对评估认证机构的资质、业务承接、评估认证内容、评估认证意见等内容进行了规范，但没有明确操作细则，导致第三方评估认证缺乏统一的标准，第三方评估认证机构的质量参差不齐，认证流程与认证标准亟待规范，认证机构的公信力有待进一步提高。

另一方面，信息披露机制不完善。目前，我国绿色金融债券、绿色债务融资工具披露募集资金使用情况的周期比较长，每季度披露一次或者每半年披露一次，并且只有绿色金融债券有比较规范的信息披露模板，其他绿色债券的信息披露不太规范，而且绿色债券的种类不同、信息披露周期与内容不同，导致投资者无法及时获取自己所需的债券信息，进而降低了他们的投资意愿。

3. 绿色债券发行端面临诸多挑战

绿色债券在发行端面临的问题主要表现在三个方面：

第一，绿色债券发行成本比较高。虽然相较于普通债券来说，我国绿色债券发行利率比较低，但绿色债券发行之前需要评估认证而使得发行成本增加，在很大程度上打击了金融机构发行绿色债券的积极性。

第二，绿色债券期限错配。大多数绿色产业与项目的投资回报率都比较低、投资期限比较长，导致绿色债券的发行期限以中长期为主，国际市场上绿色债券的发行期限大多为5～10年，但我国绿色债券的平均发行期限比较短，大多不足5年。

第三，绿色债券发行主体、产品类型比较单一。例如在发行主体方面，目前我国绿色债券的发行主体主要是综合实力比较强的国有企业，民营企业的参与度非常低，虽然有绿色地方政府专项债，但发行数量比较少，规模比较小，绿色国债尚未发行。另外，我国绿色债券的产品类型比较单一，可以服务于"一带一路"沿线国家的绿色债券非常少。

4. 绿色债券投资端的市场需求有待释放

绿色债券投资端的市场需求没有得到充分释放主要表现在三个方面：

第一，绿色投资理念尚未在全社会范围内推广普及，没有建立起完善的社会责任投资者制度，导致投资机构、投资人对绿色投资的了解不足，投资绿色债券的意愿比较低。

第二，我国对绿色债券投资的支持力度比较小，需要出台一些免税、减税等支持政策。国外发行的绿色债券为了吸引投资机构或者投资者购买，往往会发布一些免税政策，我国尚未出台针对绿色债券投资的税收优惠政策。

第三，境外资本对我国绿色债券的持有量比较少。虽然已经有境外投资者通过各种渠道购买我国的债券，但购买对象大多是国债、政策性银行债等，对绿色债券的兴趣不高，导致我国绿色债券的投资者类型比较单一。

我国绿色债券发展的对策建议

在"双碳"目标驱动下，我国应积极探索推进发行绿色市政债和绿色企业债，进一步提高绿色债券的多样性。因此，我国必须推动人民银行、财政部、银保监会等各个相关部门协调合作，完善绿色证券市场发展机制，建立统一规范的绿色债券考核监督标准、绿色债券评级标准、绿色债券环境效益考核标准等标准体系，并在资金、信息和担保等方面进行严格监管。

为了推动绿色债券市场稳步发展，我国可以采取以下几个方面的措施，如图6-3所示。

1. 完善绿色债券相关标准

为了解决国内外绿色债券认证标准不一致的问题，我国要积极与国际标准接轨，尽量消除我国绿色债券标准与国际绿色债券标准之间的差异，

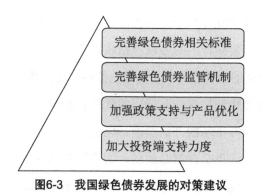

图6-3 我国绿色债券发展的对策建议

实现绿色债券标准的国际互认。同时，我国要积极参与国际标准的制定，提高我国在国际绿色债券市场的影响力，从更广层面、更深角度融入全球绿色债券市场。

2. 完善绿色债券监管机制

为推动我国绿色债券的高质量发展，我们首先需要吸取国际绿色债券的发展经验，完善绿色债券的制度框架与交易框架，对绿色债券的交易、认证、管理、治理、激励等进行规范，推动绿色债券的交易、更新与管理。

其次，要对第三方评估认证机构的行为进行规范，制定统一的认证标准与认证流程，建立监督执行机制，保证第三方机构在实践过程中严格执行认证标准与流程，以保证评估认证结果的权威性，另外还要培养一批具有国际视野以及国际竞争力的本土认证机构。

最后，要建立健全信息披露制度，建设完整的绿色债券信息披露框架，对信息披露内容、频率等做出明确规定，强制要求相关企业与机构按时披露信息，尤其是绿色债券募集资金的用途。同时，监管机构要定期对绿色债券的信息披露情况进行核查，防止相关企业与机构对一些信息隐瞒不报。

3. 加强政策支持与产品优化

作为低碳转型的重要融资工具，绿色债券的发展一方面需要我们从财政层面对绿色债券的发行给予更多支持，提高发行主体发行绿色债券的积极性，促进与绿色债券有关的各项补贴政策落地执行，围绕绿色债券的识别与统计出台更精细的管理方法，为绿色债券市场管理提供强有力的支持。

另一方面需要我们加强产品层面的优化。我国要增加绿色债券产品的供给，丰富绿色债券市场的产品类型，创建一个多元利益相关者驱动的绿色金融生态，推动绿色金融产品创新，为投资者创造更多投资机遇；我国还可以尝试发行绿色国债，引导建立国内绿色债券市场的基准价格；地方政府可以发行绿色债券专项债，优化项目收益分配机制，鼓励相关企业与机构发行更多绿色债券产品，扩大该产品在市场中的占比；我国要对"碳中和债"给予更多支持，鼓励传统的化石、能源、钢铁等碳排放量比较高的企业实现绿色低碳转型。

此外，我们要积极引入更多国际机构进入我国的绿色债券市场，丰富我国绿色债券市场的发行主体，鼓励这些机构发行更多绿色熊猫债❶。

4.加大投资端支持力度

我们需要建设绿色投资者网络，加强对投资者的宣传教育，促使其形成绿色投资理念，建立社会责任投资者制度，引导投资者形成绿色投资意识，主动投资 ESG 项目，对绿色债券给予更多关注，提高绿色债券的市场认可度与接受度。

可以围绕绿色债券建立风险分担补偿机制，对于一些投资周期比较长、投资风险比较高的绿色项目，例如垃圾焚烧发电、固体废弃物处理等，可以建立绿色基金对投资者进行风险补偿。在绿色金融试验区，可以尝试推行免税、减税政策，鼓励投资者购买绿色债券。对于评级比较低的民营企业，为了鼓励投资者购买这类企业的绿色债券，可以通过绿色担保、绿色保险等方式提高这类企业绿色资产的价值。

---

❶ 绿色熊猫债：境外机构在中国发行的以人民币计价的绿色债券。

　　我们要在现有的绿色债券指数的基础上积极推进绿色债券指数创新，开发更多绿色债券指数，提高绿色债券指数的市场影响力，并促使国内的绿色债券指数纳入国际指数，实现与国际证券交易所的信息共享，吸引更多国外投资者购买我国的绿色债券，同时提高我国证券交易所与国际证券交易所的合作意愿，进一步提高我国绿色债券市场的开放水平。

　　未来，我国将继续大力推动绿色金融工具创新，探索实施更多的货币政策工具，进一步降低绿色低碳项目的融资成本。2022年5月，中国人民银行、证监会和外汇管理局发布《关于进一步便利境外机构投资者投资中国债券市场有关事宜》，统筹推进债券市场对外开放，这既为境外投资者投资我国债券市场提供了便利，也有助于扩大我国债券市场规模，加强国际合作。随着债券市场的开放和债券投资业务的增多，我国应进一步完善债券市场入市管理标准、债券市场资金管理制度、绿色债券标准、市场定价机制等标准和制度，提高制度标准的统一性和普适性，并增强我国债券市场的整体性、系统性、协同性，从而为国际合作和跨境管理提供方便。

【案例】欧洲投资银行：绿色债券模式的启示

　　欧洲投资银行是欧盟各国合资经营的融资机构，也是世界上首家推出绿色债券的金融机构。对欧盟各国来说，建立并运营欧洲投资银行主要是为了充分利用国际资本市场和欧盟内部资金来为自身实现各项政策目标提供资金层面的保障，促进欧盟各国平衡稳定发展。目前，欧洲投资银行已经为全球多个国家的多种项目提供了资金方面的支持。例如，2018年，欧洲投资银行为波黑投资2.42亿欧元；2021年，欧洲投资银行为保加利亚的项目提供了价值9.48亿欧元的贷款、担保和股权承诺；2022年，欧洲投资银行与电力传输运营商Terna签署了价值高达5亿欧元的融资合同，支持第勒尼安通道建设。

就目前来看，欧洲投资银行是世界范围内发行绿色债券规模最大的多边开发银行，近年来，欧洲投资银行不断推动金融创新，并积极构建和完善绿色债券市场实践机制，助力绿色债券产品创新，力图为环境友好型项目提供更多资金层面的支持。2007年7月，欧洲投资银行发行了世界上的第一只绿色债券——气候意识债券（Climate Awareness Bonds，CAB），试图借助金融市场创新来应对环境变化问题，开创了绿色债券投融资的先河。

1. 欧洲投资银行绿色战略及绿色债券发展实践

在欧洲投资银行的发展战略中，重要议题大致可分为气候和环境、创新和技能、中小企业以及基础设施建设四大类。为确保全球的可持续发展，欧洲投资银行积极利用金融工具对抗气候变化，大力支持气候投融资，并将气候投资分为"减缓气候变化"和"适应气候变化"两种类型，帮助气候友好型企业和项目解决融资困难等问题。目前，欧洲投资银行已分布在全球160多个国家和地区，为各个国家的各类可持续性发展项目提供资金支持。截至2020年9月，从股权产品上来看，欧洲投资银行的环境股权基金投资总额高达4.496亿欧元，基础设施债权基金投资总额高达3.51亿欧元，基础设施股权基金投资总额高达34亿欧元。除此之外，欧洲投资银行还投资了许多其他的气候相关项目，在可持续发展项目中的投融资总额早已领先于其他多边开发银行。

随着气候意识债券的发行，世界各国的投资者对气候投资的认知不断加深，欧洲投资银行于2007年发行的世界首只气候意识债券共募集到6亿欧元资金，这些资金全部会被用于应对气候变化和气候缓释项目当中。具体来说，欧洲投资银行所发行的世界首只气候意识债券采用的付息机制将环境效益与绿色债券的投资价值挂钩，这不仅能够激励投资者以优化环境的方式来获取更高的投资收益，也能吸引更多的投资者加入气候意识债券投资的行列当中，进而凭借其中的良性循环促进绿色债券和环境均实现可持续发展。

近年来，欧洲投资银行发行绿色债券的规模越来越大，币种越来越多，付息方式也越来越丰富，除此之外，欧洲投资银行还进一步提高绿色债券的多元性，发行计价货币为欧元、美元和英镑的基准绿色债券。与此同时，在投资收益方面，欧洲投资银行还专门设置了绿色债券收益曲线，该曲线能够以欧元为计价单位直接体现出绿色债券投资在 1 年期、4 年期、7 年期、13 年期、18 年期和 28 年期时的收益情况，为投资者选择投资期限提供参考。

随着可持续发展理念日渐深入人心，欧洲投资银行已经深刻认识到提高环境投资意识的重要性，并进一步推进绿色金融创新，充分利用自身已有的气候意识债券发行投资模式开发新的绿色投融资产品。2018 年，欧洲投资银行开始发行首只可持续意识债（Sustainability Awareness Bond，SAB），大力倡导投资者参与可持续投融资项目，这不仅有助于国际贴标债券市场的多元化发展，也为全球绿色金融投资领域的进步提供了助力。具体来说，欧洲投资银行所发行的首只可持续意识债券共募集到 5 亿欧元资金，其中有 1.25 亿欧元已经被投资到水供应、废水处理、洪水防治等可持续发展项目当中。目前，可持续债券还处于发展初期，未来，随着欧资规模的不断扩大，欧洲投资银行将通过可储蓄债券募集到更多资金，并将其应用到与应对气候变化和保护海洋生态环境相关的项目当中，驱动全球实现绿色可持续发展。

2. 欧洲投资银行对我国绿色债券的实践启示

（1）完善我国绿色债券市场，扩大绿色熊猫债的发行规模

我国是全球最大的绿色债券发行主体之一，具有十分广阔的绿色债券市场，但却存在绿色熊猫债发行规模较小、发行经验不足等问题，为了进

一步完善我国的绿色债券市场，推动我国绿色债券市场与国际接轨，我国需要借助欧洲投资银行的力量来推动我国绿色债券市场快速发展，扩大绿色熊猫债的发行规模。

（2）加强对欧洲投资银行的经验学习，创新绿色债券产品

我国可以参考欧洲投资银行所使用的根据环境指数浮动付息的债券付息方式对传统的付息方式进行升级，将投资收益与环境效益绑定，以便以更加直观的方式体现出绿色债券在环境保护中起到的作用。

（3）建立健全绿色债券信息披露制度，提高绿色债券的信息透明度

在绿色债券的信息披露方面，现阶段，我国已经明确规定了披露周期和披露方式，但缺乏完善的披露标准，信息披露的质量也难以得到充分的保障，因此我国应积极学习欧洲投资银行在绿色债券信息披露方面的经验，进一步完善绿色债券信息披露机制，并通过定期发布投资者报告、明确已募集资金投向、公布已发行的绿色债券信息等多种方式来提高绿色债券的信息透明度，为投资者了解绿色债券相关信息提供方便。

（4）加大绿色债券对基础设施建设的投资力度，加快推动基础设施建设

在基础设施建设方面，我国有着极大的建设需求和投资空间，但还未建立起以绿色债券为资金支撑的基础设施建设体系，因此我国应充分发挥绿色债券在资金方面对基础设施建设的支持作用，吸取欧洲投资银行在饮用水设备建设、超高压电基站建设、清洁交通站点建设等各类绿色基础设施建设项目中发行绿色债券的经验，并将这些经验合理运用到我国的基础设施建设项目投融资活动当中。

第 7 章
绿色证券：绿色资产证券化运作模式

绿色证券的基本内涵与发展

2008 年 2 月，国家环境保护总局与中国证券监督管理委员会等部门联合推出一项新的环境经济政策——绿色证券，要求上市公司在上市融资和再融资的过程中要接受环保部门的核查，只有通过环保核查才能发行证券，并针对高污染、高能耗企业制定了证券市场环保准入审核标准与环境绩效评估方法，致力于借助资金手段遏制"双高"（高能耗、高污染）企业无序扩张，引导这些企业实现绿色低碳转型，促进金融市场与环境的双向互动发展。

1. 绿色证券的基本内涵

绿色证券是证券行业基于绿色发展、低碳发展以及循环发展理念，将环保核查、环保绩效评估、环境信息披露纳入证券市场指标体系，通过创新证券行业的经营理念、管理方式与业务流程，达到保护生态环境、推动整个经济社会实现可持续发展的一种现代化的证券模式。

绿色证券要求上市公司在公开发行证券之前披露环境信息，接受环保部门的环境绩效评估。从本质上看，绿色证券制度就是环境保护制度与证券监管制度的融合，一方面要求政府部门从环境保护的立场出发对证券市场进行监管，在评价某个市场主体在证券市场上的表现时将环境信息作为一项重要指标；另一方面要求环境保护部门通过证券监管履行环境监管职责，督促市场主体主动履行环保责任，积极参与节能减排，为“双碳”目标的实现做出重要贡献。

总而言之，绿色证券就是环保部门与证券监管部门利用环保核查、环境绩效评估、披露企业环境绩效等手段加强对拟上市企业以及上市企业的环境监管，通过调整资金流向引导上市企业转变发展方式、持续改进环境表现的一系列方法与手段的总称。

2. 国内外绿色证券的演变与发展

1992 年在巴西里约热内卢召开的联合国环境与发展会议首次提出绿色证券制度。随着可持续发展理念在国际社会广泛传播，美国、英国、日本、挪威等发达国家颁布法律法规要求上市公司披露环境信息，发布环境绩效报告。在此形势下，越来越多的上市公司开始树立环保理念，主动承担环保责任，树立绿色环保的企业形象。

例如，1993 年美国证券管理委员会要求上市公司基于环境会计❶理念对自身的环境表现进行评估，并发布实质性的报告，对绿色证券制度进行初步探索。继美国之后，欧盟、日本、挪威等国家和国际组织也开始对绿色证券进行探索。

相比之下，我国对绿色证券的探索起步比较晚，直到 2001 年国家环境保护总局才发布《关于做好上市公司环保情况核查工作的通知》。之后，国家环境保护总局与中国证券监督管理委员会相继发布了许多政策与文件，加强了对绿色证券的研究与探索，下面对几个具有代表性的政策文

---

❶ 环境会计：以环境资产、环境费用、环境效益等会计要素为核算内容的一门专业会计。

件进行分析。

- 2001 年 3 月，中国证监会发布《公开发行证券的公司信息披露内容与格式准则第 9 号——首次公开发行股票申请文件》（现已废止）明确规定，股票发行人要对其业务及募集资金拟投资项目是否符合环境保护要求进行说明，高污染企业要提供省级环保部门出具的确认文件。
- 2001 年，国家环境保护总局发布《关于做好上市公司环保情况核查工作的通知》，对环保核查的对象、核查内容、核查要求、核查程序做出了明确规定，具体包括近三年是否发生环境污染事故与环境违法行为、是否达到了国家和地方的环保要求、募集资金拟投资项目是否符合环境保护要求等。
- 2003 年，国家环境保护总局发布《关于对申请上市的企业和申请再融资的上市企业进行环境保护核查的通知》，要求对重污染行业（如冶金、化工、石化、煤炭、火电、建材、造纸、酿造、制药、发酵、纺织、制革和采矿业）申请上市的企业以及上市之后申请再融资的企业进行环保核查。
- 2007 年，国家环境保护总局发布《关于进一步规范重污染行业经营公司申请上市或再融资环境保护核查工作的通知》和《上市公司环境保护核查工作指南》，确立了环保核查结果公示制度，进一步规范并完善了环保核查制度。
- 2008 年，国家环境保护总局发布《关于加强上市公司环保监督工作的指导意见》，要求进一步完善和加强上市公司环保核查制度，建立上市公司环境信息披露机制，开展上市公司环境绩效评估研究与试点，加大对上市公司遵守环保法规的监督检查力度。至此，我国绿色证券政策的基本框架初步形成。

- 2022年1月，中国证券监督管理委员会发布《关于重污染行业生产经营公司IPO申请申报文件的通知》，要求"重污染行业生产经营公司申请首次公开发行的，申请文件中应当提供国家环境保护总局的核查意见；未取得环保核查意见的，不受理申请"。我国各行各业将这一文件称为"绿色证券制度"，对其给予了高度关注。
- 2022年7月，绿色证券标准委员会发布《中国绿色债券原则》，该原则提出"绿色债券指募集资金专门用于支持符合规定条件的绿色产业、绿色项目或绿色经济活动，依照法定程序发行并按约定还本付息的有价证券"，同时，该原则也对绿色证券的核心要素进行了明确，指出绿色证券的核心要素应包括募集资金用途、项目评估与遴选、募集资金管理、存续期信息披露。

绿色资产证券化的产品分类

绿色资产证券化是将企业部分基础资产剥离出来，通过资产重组与增信措施将流动性比较差的未来现金流转变为可以交易的证券，为企业筹集更多资金的一种创新型融资工具，是绿色金融产品体系的重要组成部分。相较于普通的资产证券化来说，绿色资产证券化的特殊之处主要表现在两个方面（如图7-1所示），一是资金来源于绿色行业；二是募集到的资金将投向绿色行业。

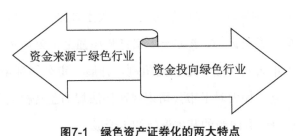

图7-1　绿色资产证券化的两大特点

通过绿色资产证券化，企业可以将剥离出来的绿色资产出售给可以进行风险隔离的机构，该机构可以将绿色资产设计成证券出售给投资者，获得资产转让收入，并支付投资者债券本息。绿色资产债券化转化的是企业未来的现金流，可以通过提高信用来发行信用等级比较高的证券产品。

随着资源、环境问题愈发严峻，绿色资产证券化受到了广泛关注，进入快速发展阶段，产品种类越来越多。下面对绿色资产证券化的几种分类标准以及各个标准下的产品类型进行具体分析，如图7-2所示。

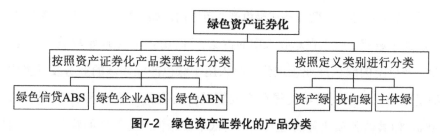

图7-2 绿色资产证券化的产品分类

1. 按照资产证券化产品类型进行分类

根据资产证券化产品的类型，我们可将绿色资产证券化分为以下三类：中国人民银行和银保监会监管的绿色信贷资产证券化产品（绿色信贷ABS）、证监会监管的绿色企业资产证券化产品（绿色企业ABS）、交易商协会管理的资产支持票据（绿色ABN）。

2. 按照定义类别进行分类

2018年8月，上海证券交易所发布《上海证券交易所资产证券化业务问答（二）——绿色资产支持证券》明确指出，只有符合以下三项标准的才能够被认定为绿色资产证券化。

（1）资产绿

基础资产被包含在绿色产业范围内。有70%及以上的基础资产现金流来源于绿色项目所产生的收入，或有70%及以上的基础资产是通过绿色项目融资形成的债权。

（2）投向绿

在基础资产转让活动中募集的资金总额的 70% 及以上用于建设绿色项目、运营绿色项目、收购绿色项目、绿色项目融资、偿还绿色项目贷款等。其中，在绿色项目融资方面，需要有明确的拟支持绿色项目类别、筛选标准、决策程序和资金管理制度等。

（3）主体绿

即原始权益人主营业务在绿色产业范围内。如果原始权益人一整年的绿色产业领域营业收入在总收入中的占比达到 50%，那么原始权益人需要将 70% 及以上的绿色产业领域营业收入用于绿色产业领域的业务发展当中；如果原始权益人一整年的绿色产业领域营业收入在总收入中的占比不足 50%，但其他各项业务的营业收入均低于在绿色产业领域的营业收入，且在绿色产业领域的营业收入和利润超过 30%，那么原始权益人仍旧需要将 70% 及以上的绿色产业领域营业收入用于绿色产业领域的业务发展当中。

与主体债相比，资产证券化产品是一种具有认定标准高、认定范围广等特点的融资工具，通常将基础资产所产生的现金流作为偿付支持。绿色资产证券化产品有时会出现同时满足主体绿、资产绿、投向绿这三项标准中的两项的情况，具体来说，收益权类项目可能会同时满足主体绿和资产绿两项标准，债权类项目可能会同时满足资产绿和投向绿这两项标准，不仅如此，有些项目也可能会出现同时满足资产绿、投向绿、主体绿三项标准的情况。

绿色资产证券化的运作原理

"双碳"目标是我国综合考虑现实需求和未来发展后的重大决策，也是我国实现可持续发展的内在要求。实现"双碳"目标有助于推动我国经济结构向绿色低碳转型，助推经济高质量发展，进一步提高我国的国际竞争力。从实际操作方面来看，若要实现"双碳"目标，我国需要采取革新产业结构、优化技术标准、建立健全配套政策等一系列措施，并建立绿色低碳循环发展经济体系。

绿色资产证券化是我国构建多层次绿色金融体系的关键环节，也是绿色金融创新发展的重要工具。随着我国绿色金融体系建设的持续推进，绿色资产证券化产品的发行量快速增长，发起机构、基础资产类型和参与机构也越来越多。在"双碳"目标下，绿色资产证券化将会在清洁能源、节能减排等多个领域快速发展，产品类型将越来越丰富，产品的分布行业范围也将越来越广泛。

绿色资产证券化是一种基于可持续发展理念的绿色金融工具，能够有效推动产业结构绿色转型。下面我们对绿色资产证券化的运作原理进行简单分析。

1. 现金流分析原理

原始权益人只有在绿色资产支持证券的基础资金池能够在未来收回绿色贷款的本金、并获得一定收益的前提下才会向投资者发行绿色资产支持证券。

也就是说，绿色资产证券化的关键是基础资产池能够产生稳定的现金流，这也是绿色证券估值、信用评级和增信的基础。从本质上看，绿色资产证券化其实是基础资金池未来现金流的证券化。

2. 资产重组原理

资产重组指的是原始权益人对基础资产池中的绿色信贷资产进行分割、重组，以降低贷款风险，保证能够收回本金，并获得相对稳定的收益。按照资产重组原理，基础资产池中的每一笔绿色贷款都要满足四点要求：

- 基础资产池中的绿色贷款能够在未来持续不断地产生现金流；
- 基础资产池中的绿色贷款的收益率相对稳定，并且要明确贷款人偿还本金与利息的时间；
- 基础资产池中每一笔绿色贷款之间的关联度无须太强，以便最大限度地分散贷款风险；
- 基础资产的所有权归商业银行所有。

3. 破产隔离原理

破产隔离指的是原始权益人将本期绿色资产支持证券出售给 SPV（Special Purpose Vehicle，特殊目的的载体），将绿色信贷资产从商业银行的资产负债表中剥离出来，将基础资产的归属权转让给 SPV，从而将商业银行自身的资产与即将发行的绿色资产支持证券的信贷基础资产区分开。

从本质上看，破产隔离其实是绿色资产支持证券对自己的一种信用增级。原始权益人将绿色资产支持证券出售给 SPV，即便商业银行遭遇经营风险，甚至破产风险，也可以保证绿色资产支持证券不受影响，从而实现绿色资产支持证券持有人与商业银行的破产隔离，有效保护投资者的利益。

4. 信用增级原理

信用增级是 SPV 借助多元化的金融工具提高绿色资产支持证券的信用等级，让绿色资产支持证券获得更多投资人的认可，从而顺利发行。绿色资产支持证券的信用增级有两种方式，一种是内部信用增级，一种是外部信用增级，SPV 可以根据自身需要自由选择。

如果 SPV 选择内部信用增级，就要在发行绿色证券之前进行产品结构设计，将绿色资产证券化产品划分为不同的等级，例如优先 A 档、优先 B 档和次级档，次一级的绿色证券要为更高一级的绿色证券提供支持。如果 SPV 选择外部信用增级，就要选择一家第三方机构，由该机构为绿色证券提供担保，从而实现外部信用增级。

绿色资产证券化的操作流程

一次完整的绿色资产证券化融资流程可以简单地概括为四个步骤：首先，原始权益人将绿色资产支持证券出售给 SPV；其次，SPV 对这些资产进行整合，形成资产池；再次，SPV 以该资产池在未来各期产生的现金流为基础发行有价证券进行融资；最后，SPV 利用基础资产池产生的现金流偿还所发行的有价证券。

当然，绿色资产证券化的实际操作流程要复杂很多，可以细分为八个步骤：

①原始权益人根据资产证券化要求，对债权类资产、收益权类资产进行整合，对这些资产未来可能产生的现金流进行预测，确定基础资产池的规模，形成基础资产池。

②原始权益人将基础资产池中的资产转让给 SPV，SPV 向基础资产支付对价，对基础资产进行分割、重组，利用基础资产未来的收益偿还债券本息，将基础资产与原始权益人的资产分隔开。

③接受第三方机构的绿色认证。原始权益人想要发行绿色资产支持证券必须接受第三方机构的绿色认证，符合绿色认证标准，拥有良好的绿色治理能力，围绕环境保护制定一套完善的风险管理与控制制度。

④信用增级。为了获得投资者的信任，SPV 要根据实际情况选择内部信用增级或者外部信用增级来提高信用等级。

⑤信用评级。SPV 选择外部机构对所出售的证券进行信用评级，尽量

选择业内知名的机构，以提高评级报告的可信度与权威性，获得投资者的信任。

⑥投资者通过中介（证券承销商或者融资咨询机构）购买绿色资产支持证券，中介要为绿色资产支持证券提供保荐承销等融资服务。

⑦权益人委托资产管理机构对基础资产池进行统一管理。资产管理机构负责收取基础资产池产生的收益并将其存入专门的收款账户，同时做好记录；还要按要求对基础资产池中的现金流进行运营和管理，并向权益人及时反馈运营情况。

⑧绿色资产支持证券到期后，权益人利用基础资产池所产生的收益偿还债券本息，并向资产管理机构支付管理费用。

【案例】西方发达国家绿色信贷的实践经验

在绿色信贷领域，西方发达国家起步较早，目前已经积累了一定的实践经验。从绿色金融的发展历程上来看，1974年，联邦德国政府主导成立了全球首家政策性环保银行，专门为环保项目提供优惠贷款；1989年，美国投资集团"对环境负责的经济体联盟"（Coalition for Environmentally Responsible Economies，CERES）发表了对地球环境负责的"伯尔第斯原则"，并以此为依据对绿色信贷相关的实际操作提供指导。除此之外，20世纪90年代，联合国也制定并出台了绿色信贷相关的法律法规，进一步对绿色信贷的发展进行规范。

1. 美国银行业绿色信贷的实践经验

自20世纪70年代至今，美国陆续出台了多项关于环境的法律，扩大了法律在环境领域的覆盖范围，明确了环境污染和环境治理相关的标准规范，为绿色信贷的发展打下了良好的法律基础。早在1980年，美国政府就出台了《全面环境响应、补偿和负债法案》，该法案中设有环境条款，将环境与金融挂钩，要求银行对客户造成的污染负责，与此同时，美国还在法律的支持下对影响环境的行为进行惩处。

赤道原则（Equator Principles，EPs）是一项基于国际金融公司保全政策的环境与社会风险指南，具有非强制性的特点，能够帮助银行和投资者决定、衡量和管理项目融资过程中的社会及环境风险。2003年6月，花旗银行宣布实行赤道原则，以便降低融资交易成本，提高项目评审效率和贷款安排速度，为项目融资提供更加可靠的安全保障。除此之外，美国还在绿色信贷领域实施以下奖励机制。

- 为环保项目提供具有利率低、期限长、优惠多等优势的专项债券，支持绿色信贷发展；
- 实施税收优惠政策，大力支持节能减排产业的发展，并为节能减排企业提供税收优惠，同时出台《能源税收法》等相关法律法规来鼓励企业节约能源，减少污染物排放；
- 加大财政支持力度，为小型环保企业设立专门的财政基金，以信贷的方式为环保企业的发展提供资金方面的支持。

2. 德国银行业绿色信贷的实践经验

德国是绿色信贷的发源地，在绿色信贷领域具有起步早、发展时间长、实践经验多、体系完备等诸多优势。

具体来说，德国在绿色信贷领域的发展优势主要体现在以下几个方面。

①在发展时间方面，德国的绿色信贷发展起步较早，已经经过了较长时间的发展，除此之外，德国在绿色信贷发展过程中还制定和完善了各项标准，抢占了发展的先机。

②在贷款利息方面，德国采用免息和降息的方式来降低绿色信贷项目的融资成本，驱动绿色信贷快速发展。

③在金融产品方面，德国支持银行等金融机构进行金融产品创新，银行可以在法律规定的范围内开发和销售绿色金融产品。

④在信息交流方面，德国实现了环保部门与绿色信贷的协调配合，双方能够流畅高效地进行信息交流，这大大提高了德国在绿色信贷企业资格审查方面的工作效率，为绿色信贷的快速发展提供了强有力的保障。

3. 英国银行业绿色信贷的实践经验

20世纪50年代末期，大量生活污水和工业废水排入泰晤士河，导致泰晤士河受到严重污染，甚至导致英国爆发出十分严重的霍乱。在之后的20年间，为了恢复泰晤士河的生态环境，英国花费20亿英镑陆续对泰晤士河进行了多次治理，最终将泰晤士河变为一条洁净的城市水道。

完善的法律法规和严格的污染防治工艺过程为绿色信贷在英国的发展提供了有效支撑。一般来说，当企业使用绿色信贷进行贷款时，需要提前向环保部门提出申请，并通过污染防治技术审核。与此同时，英国也制定并实行环境保护激励政策，鼓励企业保护环境。不仅如此，英国的银行还将环境因素与贷款评估挂钩，避免出现向高污染企业贷款的情况，并不断加快推进人才引进工作，加大储备环境风险评估人才的力度。

英国的汇丰银行十分关注气候变化相关信息，到2003年，汇丰银行宣布实行赤道原则，并在严格遵守赤道原则的基础上发展绿色信贷，同时充分发挥赤道原则在环境与社会融资领域的作用，陆续出台了一系列有利于实现可持续发展的政策法规。不仅如此，英国还针对高污染企业制定了十分严苛的信贷标准，限制高污染项目贷款，并大力发展低碳经济。

4. 其他发达国家银行业绿色信贷的实践经验

2006 年，日本的瑞穗银行成立可持续发展部门，将可持续发展业务作为未来发展的重点，具体来说，可持续发展部门针对绿色信贷设立了专门的融资审批流程，企业在申请贷款时需要先提出申请，可持续发展部门的工作人员会对提出申请的项目进行归类，并交由审批部门确认其是否符合绿色信贷的要求，只有通过审批的绿色环保企业和绿色环保项目才能获得绿色贷款资格。波兰专门为环保类项目建立了环保银行，这种环保银行能够为环保类项目提供利率低、还款期限长的绿色信贷服务；加拿大将赤道原则作为绿色信贷发展的基本原则，并根据自身的实际情况建立了专门的环境评估机制。

第8章

绿色保险：有效化解企业环境污染风险

绿色保险的概念与主要分类

随着经济全球化进程的不断加快和世界人口总量的不断增长，碳排放问题日益严重，生态环境持续恶化，自然灾害、污染事故、公共卫生事件的发生率越来越高，生态环境破坏对世界经济发展和人类生存造成的负面影响也越来越大，因此，各行各业的企业纷纷利用绿色保险来分散环境恶化带来的风险，力争将由环境污染造成的损失降到最低。

2022年1月，中国保险行业协会发布《2020中国保险业社会责任报告》，全方位展示了保险业在2020年的实践成就，报告提供的数据如下：2018至2020年，保险业累计为全社会提供逾45万亿元的绿色保险保障，用于绿色投资的资金达到5615亿元。不仅如此，保险业还在不断创新金融产品和服务方式，并加大对绿色技术、绿色产业的投资力度，为绿色保险的高质量发展提供资金支持。

1.绿色保险的概念

随着应对气候变化和生态环境保护相关工作的层层推进，绿色投融资需求不断增长，这推动了绿色金融的快速发展。绿色保险是绿色金融体系中的重要组成部分，也是有效分散风险的金融工具，能够在企业资金运转、社会风险防范、环境污染防治、气候变化应对等方面发挥重要作用，并大幅提高经济韧性和社会弹性，助推经济社会向绿色低碳转型。

从狭义上来说，绿色保险专指环境污染责任保险，也叫生态保险，是一种以企业对污染环境的受害方造成损害后所应承担的赔偿责任为标的的保险；从广义上来看，绿色保险是一种具有应对气候变化、保护生态环境、高效利用资源、推动经济绿色转型等作用的保险，能够为经济、社会和环境的可持续发展提供强有力的保障。

2. 绿色保险的主要分类

一般来说，绿色保险主要包括绿色保险产品、绿色保险服务和保险资金绿色化三部分，如图 8-1 所示。

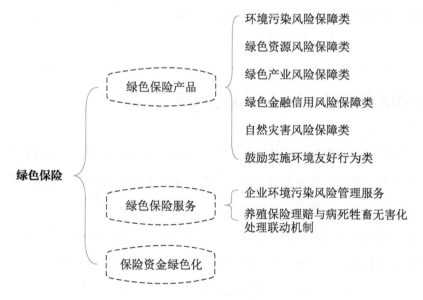

图8-1 绿色保险的主要分类

● **绿色保险产品：** 主要包括环境污染风险保障类产品、绿色资源风险保障类产品、绿色产业风险保障类产品、绿色金融信用风险保障类产品、自然灾害风险保障类产品和鼓励实施环境友好行为类产品等；

● **绿色保险服务**：主要包括企业环境污染风险管理服务和养殖保险理赔与病死牲畜无害化处理联动机制；

● **保险资金绿色化**：指的是将保险资金用于绿色项目或绿色产业发展。

绿色保险中三个不同的板块均能在气候和环境风险管理中发挥重要作用。具体来说，绿色保险可以充分利用风险保障机制来降低企业生产运营对气候和环境造成的损害，分散气候变化和环境恶化带来的风险，并推动绿色技术创新和绿色产品应用，为绿色产业的发展提供驱动力，从而达到保护环境、保护绿色资产、促进绿色发展的目的。其中，鼓励实施环境友好行为类保险还具有提高大众在应对气候变化和保护环境方面的参与度的作用，能够有效推动全社会积极承担环保责任。

欧美国家在绿色保险领域的布局

现阶段，应对气候变化、注重绿色环保和可持续发展已经成为各个领域的共识，保险业也应积极推动绿色保险创新发展，为客户提供更多样化的绿色保险产品和服务，让绿色保险能够覆盖环境污染、气候变化、低碳发展、可持续发展、生态文明建设等各个方面。目前，德国、英国、美国等欧美国家的保险行业均已经充分利用金融科技来推动绿色保险高质量发展，加快数字化技术与绿色保险的融合。

1. 德国

德国是一个在环境责任保险领域起步较早的国家，早在 1965 年，德国的保险人就已经开始对水面污染事故进行赔偿，随着保险模式的不断完善，环境责任保险的承保范围变得越来越大、保障内容变得更加全面。1990 年，德国颁布《环境责任法》，以法律的形式强制规定所有存在重大环境责任风险的工商企业都要预先采取环境损害预防措施，投保环境责任险。由此可见，德国的绿色保险模式具有强制性的特点。

德国已经建立了相对完善的环境法律制度体系，在各项与环境保护相关的法律法规中明确了环境污染责任保险的实施对象、保障范围、罚款金额、惩罚措施等内容，在法律层面为环境污染责任保险的稳定发展提供了强有力的保障。

对比来看，1979 年 9 月，我国颁布《中华人民共和国环境保护法（试行）》，这是我国颁布的第一部环境法律；1984 年 5 月，我国颁布《中华人民共和国水污染防治法》，对地表水体和地下水体的污染防治做出了明确规定。此后，我国陆续颁布多项关于环境污染问题的法律法规，并不断对现有的相关法律法规进行完善，但现阶段，我国还未制定具体且带有强制性的环境污染责任保险专项法律。为了保障环境污染责任保险高质量发展，我国应继续完善相关法律法规，建设更加全面、更加具体的环境法律制度体系。

2. 英国

英国是一个保险市场发达、国民保险意识较强的国家。一般来说，英国政府不会强制要求企业投保，除法律规定必投的行业外，其他行业的企业可以自由选择是否投保环境责任险。

1974 年，伦敦保险市场开始承保单独、反复性或继续性的环境损害，但政府仍未在环境责任保险方面对企业做出强制性要求。英国政府以法律的形式强制要求投保的行业主要包括造纸、核能源、石油开采等高碳排行业，具体来说，英国在 1965 年颁布了《原子核装置法》，在 1971 年颁布了《商船污染法》，在 1974 年颁布了《污染控制法》，以法律的形式要求对环境造成污染的相关责任人对环境污染负责。除此之外，由于英国是《国际油污损害赔偿民事责任公约》的成员国之一，因此，英国在船舶油污损害领域也强制相关企业投保环境责任保险。由此可见，英国的绿色保险模式具有自愿与强制相结合的特点。

英国采取强制性投保和自愿投保相结合的保险模式可以在分散风险的同时充分满足不同企业的差异化需求，提高保险服务的针对性，让资金流向环保领域。我国可以从英国的绿色保险模式中借鉴经验，采取自愿投保为主、强制投保为辅的绿色保险模式，在一定程度上将投保环境污染责任保险的决定权交给企业，对法律规定范围内的企业强制要求投保环境污染责任保险，对其他企业不进行强制性要求，从而进一步扩大环境污染责任保险的覆盖范围，引导更多资金流向节能环保、绿色低碳、清洁能源等领域。

3. 美国

美国是一个环境污染责任保险发展时间较长、保险种类多样、保险产品类型丰富的国家。早在 20 世纪 60 年代，美国就制定了关于有毒物质和废弃物处理造成的环境破坏的强制责任保险，随着环保理念的进步和保险行业的发展，目前美国已经拥有了完善的立法环境和自愿与强制相结合的保险制度。同时，美国保险行业还针对不同的环境风险开发出了多样化的环境污染责任保险产品，比如清洁费用限额保险（Cleaning Cost Coverage Limits Insurance，CCC）、承包商污染责任保险（Contractor Pollutions Liability Insurance，CPL）、污染法律责任保险（Pollution Legal Liability Insurance，PLL）、储罐污染保险（Storage Tank Pollution Insurance，STPI）等，这些保险产品的保险费率和所针对的风险等各不相同，能够充分满足不同企业的投保需求。

随着环境污染事件逐渐增多，公众环境权利意识不断增强，除高污染行业外，其他各个行业和领域也纷纷加入环境保护的队伍当中，积极投保环境责任保险，同时美国政府也推出相关政策将环境责任保险推广到千行百业当中，这不仅能够加快保险业的发展速度，也能够有效刺激市场竞争，压低保险成本，引导需要投保的行业积极响应，进而促进供给与需求良性互动。

因为环境污染问题通常具有暴露水平低、潜伏期长、影响因素复杂等特点，所以当受害方发现环境污染带来的损害并进行索赔时，保单可能已经失效多年，由此可见环境损害的确定与赔偿存在一定困难。为了保护保险人和被保险人双方的利益，降低受害方的索赔难度和保险公司的经营风险，美国对环境责任保险的索赔时效进行了规范，对于环境污染造成的损害比较明显且易于确定的保单，索赔时效仅有 5～8 年的时间，对于部分难以界定环境污染损害情况的保单，索赔时效最长可达 30 年。

我国绿色保险体系的实践路径

现阶段，我国绿色保险仍旧存在定义模糊、相关体系不完善、制度操作性低等问题，因此我国需要加快推进绿色保险制度和体系建设，积极学习西方发达国家在绿色保险体系构建方面的经验，以国际上较为完整和有效的绿色金融标准、绿色保险制度等为参考，根据自身实际情况进一步完善和优化国内的相关制度体系和配套措施，从而在制度方面为我国绿色保险的发展提供支持，进而达到应对气候变化的目的，并帮助我国提高经济低碳转型的效率和稳定性。

具体来说，在绿色保险体系构建方面，我国可以从以下几个方面入手，如图 8-2 所示。

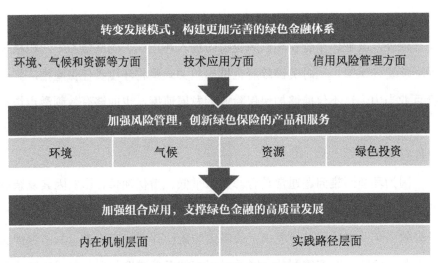

图8-2　我国绿色保险体系的实践路径

1. 转变发展模式，构建更加完善的绿色金融体系

在我国推进经济低碳化发展的初级阶段，绿色投融资是推动企业创新创优的重要支撑，能够为企业优化技术和设备提供资金层面的支撑。随着低碳经济的快速发展，相关技术研发的成本越来越高，固定资产规模不断扩大，资金投入规模也持续增长，金融风险累积对投融资的负面影响日渐凸显，投融资逐渐难以为绿色金融的发展提供有效支撑。但由于我国目前仍旧处于以投资引导绿色金融发展的阶段，因此加大投融资力度会造成绿色金融风险错配等问题。

对我国来说，革新绿色金融体系发展模式并削弱投融资工具在绿色金融体系中的作用是平衡投资收益与风险的有效方法，我国应将绿色金融的发展模式由原本的以投融资为导向革新为以风险为导向，并积极弥补绿色金融体系中的不足之处，将绿色保险作为推动绿色金融快速发展的基础。

①在环境、气候和资源等方面，我国应加快研究实施绿色保险制度，以立法的形式对绿色保险的投保方式、惩罚措施、保险范围等进行明确，

并不断丰富绿色保险的应用场景，扩大绿色保险的保险范围，提高绿色保险险种的多样性和针对性，提升绿色保险的保险密度、保险深度以及风险保障水平，从而达到以绿色保险赋能绿色金融高质量发展的目的。

②在技术应用方面，我国应充分利用云计算、人工智能、遥感技术等先进技术，细化风险防控颗粒度，全方位提高绿色保险产品和绿色保险服务在风险识别和风险防范方面的能力，进而提高风险识别和风险防范的精准性，清除风险隐患，同时也要构建多维度动态风险预警体系，增强智能风险管理水平。

③在信用风险管理方面，我国应将绿色保险作为绿色基金、绿色债券、绿色信贷等绿色金融产品风险控制的必需品，并将其纳入绿色金融体系范畴当中，同时也要重视金融风控增信在绿色金融发展过程中的作用，从而降低绿色企业的投融资成本，增强抗风险能力。

2. 加强风险管理，创新绿色保险的产品和服务

我国在推动经济绿色低碳转型的过程中需要识别和防范的风险越来越多也越来越复杂，因此，我国需要提高绿色保险的风险管理水平，加强绿色保险产品和服务的创新，针对不同的风险类型研发不同的保险产品，为客户提供不同的保险服务，从而通过绿色保险的发展助推绿色金融高质量发展。

具体来说，我国应该从以下四个方面进行风险管理创新。

首先，我国应针对环境进行绿色保险创新，研发新的绿色保险产品，革新绿色保险服务模式，并根据各行各业的环境污染特点为其提供绿色保险产品和服务，尤其是传统能源、制造、建筑、交通、清洁能源、可再生资源等行业。

其次，我国应针对气候进行绿色保险创新，分析气候风险的变化趋势，并以此为依据确定新的绿色保险产品研发方向和绿色保险服务方向，

推动风险从低频高灾转向高频低灾和低频高灾相结合，同时扩大指数保险的覆盖范围和应用场景，强化气象风险预警能力，进一步加强气象防灾减灾工作。

再次，我国应针对资源进行绿色保险创新，通过大力发展新能源和清洁能源、提高能源利用率和利用效率、合理开发和利用自然资源等方式推动能源结构向绿色低碳转型，研发能够稳定资源价格的绿色保险产品，优化绿色保险业务布局，进而实现价值的提升。

最后，我国应针对绿色投资进行绿色保险业务创新，分析绿色基金、绿色债券、绿色贷款等绿色金融产品在绿色项目中可能会存在的风险，并根据分析结果研发相应的绿色保险产品，优化绿色保险服务，同时利用信用担保和风险补偿等手段来对绿色投资进行引导，进而助力绿色产业发展。

3. 加强组合应用，支撑绿色金融的高质量发展

由于绿色转型风险具有系统性和外部性的特点，因此我国应通过打造功能多样的绿色金融产品工具箱以及提高绿色金融工具的丰富性和多样性等方式来增强自身的系统性解决方案输出能力，从而有效降低绿色金融风险，为绿色金融的高质量发展提供支撑。

在内在机制层面，我国应研发多元化的绿色金融工具，并在此基础上打造类型多样的绿色金融工具组合，同时还要利用绿色保险来连接投融资与风险保障、协调风险价值与价格，以实现商业价值和社会价值的动态互促。

在实践路径层面，我国应鼓励金融机构转变思维方式，支持金融机构以绿色转型发展为中心进行风险定价，并加快构建金融机构间协调合作机制的步伐，加强对“绿色保险+”产品和服务的研究和创新，同时还要强化风险管理，稳步推进绿色转型发展。

【案例1】太保e农险：绿色保险数字化创新

随着数字化转型的层层推进，农业领域的数字化应用场景也日益增多。在保险方面，农业领域的绿色保险需要对产品、模式和服务等多个方面进行创新，进而实现绿色农险高质量发展。其中，太保产险"e农险"数字运营平台和IFC数字农业气象指数保险项目是绿色保险数字化创新的典型案例。

1. 绿色保险服务与数字技术融合

各种自然灾害是影响农业生产活动收益的关键因素，农民需要借助农业保险来分散风险，提高各项农业活动抵抗自然灾害的能力，减少自然灾害对农业生产造成的损失，保障农业生产收益。近年来，大数据、互联网等新兴技术飞速发展，农业逐渐显现出与科技高度融合的趋势，农业保险业逐渐从传统农险转化为绿色数字农险。

随着现代科技在农业生产中的应用日益广泛和深入，传统农险已经难以满足农业生产在风险防控方面的要求，因此保险公司需要对农业保险进行创新和升级，并提高自身在经营、服务、风险控制等方面的水平。中国太平洋财产保险股份有限公司推出与科技相融合的"太保e农险FAST"，既革新了农险运营管理体系，也推动了农业保险服务走向现代化。

"太保e农险FAST"既能够利用互联网技术提高保险信息公布的便捷性，为客户提供"一键式"智能承保和理赔服务，实现对农作物生长全生命周期的全方位监测，借助先进技术发现潜在风险，并进行气象预警和气象证明，也能够利用遥感技术和大数据分析等技术手段确保估损的准确性，提高农业保险的个性化水平。

随着绿色农险的创新发展，"太保e农险FAST"的生态化、个性化和场景化程度不断提高，并逐渐融合大数据、云计算、互联网等新一代数字信息技术，推动了绿色农业保险的数字化转型，从而达到了提高绿色农险的感知响应速度和智能分析水平的目的，同时也提升了绿色农险的保障水平。

2. "e 农险"赋能气象指数保险

气象指数保险是通过将气候条件对农作物的损害程度指数化来判断农作物的产量和带来的收益，并以此为依据对被保险人进行经济赔偿的保险，同时也是农村金融服务体系的有效补充。气象灾害是农业生产的主要矛盾，气象指数保险能够实现实时理赔，提高地方政府和农民防灾救灾的积极性，从而帮助农户防灾减损。

"e 农险"与农业气象指数保险的有机结合能够大幅提高农户在面对极端自然灾害时的防灾减灾能力，从而达到助农惠农的目的。

以"太保 e 农险"在宁波慈溪市杨梅采摘中的应用为例，由于杨梅对采摘期的降水量有着极高的要求，如果降水量过多，那么可能会影响杨梅的品质，甚至造成落果等情况，因此宁波的杨梅种植户利用雨量采集器物联网设备对降水量进行监测，并借助太保 e 农险实现气象指数保险自动理赔。

太保 e 农险数字运营平台能够根据降水指数进行自动报案、自动理赔和自动结算，这大大简化了农户们的理赔手续，缩短了理赔周期，让所有投保的梅农在保期结束的一周左右就可以获得赔款，充分保障了农户的利益。

农业气象指数保险是在绿色保险的基础上融合数字技术的产物，它革新了传统农业保险的服务模式，在降低农业保障成本的同时提高了农业保险的服务效率，也优化了投保方的保险体验。

随着农业农村现代化进程的不断加快，数字技术将会在绿色农业保险的创新发展中发挥出更大的作用，未来，我国将继续完善农业保险政策和农业保险体系，加快推动绿色农业保险创新发展的步伐，并充分利用数字技术创新绿色农业保险产品和商业模式，从而进一步推动绿色农业保险高质量发展。

【案例2】浙江衢州：绿色养殖保险的"集美模式"

生猪养殖业是浙江省衢州市农业的主导产业，但由于该行业缺乏规范化管理，在病死猪处理环节存在环境污染严重、食品安全难以保障等诸多问题，因此政府相关部门需要针对病死猪处理问题研究出行之有效的解决方案。衢州市将生猪保险与病死猪无害化处理相结合，开创出绿色金融支持病死猪无害化处理的"集美模式"，避免出现病死猪随意处理或流向市场等情况。

具体来说，生猪养殖户只需对每头生猪进行投保，就能在其病死时获得相应的理赔款，相关工作人员也会在接收到生猪养殖户的电话后主动上门将病死猪拉走火化，目前，衢州市已经很难见到被随意丢弃的病死猪。

1. 主要做法

在病死猪无害化处理方面，衢州市以"政府引导、市场运作、保险创新、信贷扶持"为原则，充分发挥财政资金和保险资金的保障功能，通过保险理赔的方式来确保病死猪的集中、统一、无害化处理。对政府来说，要充分利用财政资金，建设能够为全县提供病死猪无害化处理服务的组织；对病死猪无害化处理组织来说，要对病死猪进行集中、统一处理，并为生猪养殖户提供相应的保费补贴；对保险公司来说，要进一步开发生猪保险业务，从生猪保险的理赔范围、理赔方式和理赔标准等多个方面入手进行创新，扩大保险覆盖范围，提高保险保障，实现零免赔，化解生猪养殖风险；对银行来说，要为病死猪无害化处理组织提供信贷扶持，在资金层面确保病死猪无害化处理组织稳定运营。从流程上来看，衢州市所采取的"集美模式"主要包括以下几个环节。

- 银行等金融机构为生猪养殖户和病死猪无害化处理组织提供绿色信贷服务；
- 政府相关部门利用财政资金为生猪养殖户和病死猪无害化处理组织提供绿色补贴；
- 当出现生猪病死的情况时，生猪养殖户需要告知保险公司和病死猪无害化处理组织；
- 保险公司和病死猪无害化处理组织的工作人员到生猪养殖场进行查勘，并在生猪养殖户确认签字后将病死猪运走；
- 畜牧局、保险公司和病死猪无害化处理组织的相关工作人员对单据进行检查，明确当日的病死猪收集数量和处理数量；
- 畜牧局、保险公司、生猪养殖户和病死猪无害化处理组织在单据确认无误后签字，生猪养殖户获取病死猪死亡赔款。

2. 创新亮点

（1）财政补贴

政府充分发挥财政资金的保障作用，向生猪养殖户和病死猪无害化处理组织提供财政补贴。具体来说，各级财政补助的保费约占85%，生猪养殖户只需缴纳剩余部分保费即可，衢州市衢江区农业农村局公开数据显示，2021年11月，衢州市衢江区的养殖环节病死猪补助标准为80%，补助金额高达837312元。

（2）无害化处理

政府大力推进病死猪无害化处理组织建设，支持多方联动，协同作用，并以购买服务的方式激发病死猪无害化处理组织的工作积极性，进而实现病死猪无害化处理。当生猪病死时，生猪养殖户需要告知保险公司和病死猪无害化处理组织，而病死猪无害化处理组织需要在接到消息后前往生猪养殖场，对病死猪进行统一收集，并在运走病死猪后对其进行集中处理。

（3）保险创新

首先，"集美模式"下的生猪保险具有更大的理赔范围，生猪和能繁母猪均在理赔范围之内；其次，"集美模式"下的生猪保险为无免赔额保险，生猪养殖户所承担的免赔额由保险公司负责；再次，"集美模式"下的生猪保险的保险保障额度远超黑市的病死猪收购价格，每头猪的保险保额最高可达 1200～1500 元，充分确保病死猪不会被随意丢弃或流入市场；最后，"集美模式"下的生猪保险采用丈量法的方式来进行理赔定损，在大幅提升理赔速度的同时也有效规避了死猪注水风险。

（4）绿色信贷

银行为病死猪无害化处理组织提供了绿色信贷扶持，帮助病死猪无害化处理组织有效规避资金方面的不稳定因素。例如，中国银行龙游支行为浙江集美生物技术有限公司提供了一年期 440 万流动性贷款，帮助其顺利完成初期建设工作；江山农商银行为江山市菲尼可生物技术有限公司提供了 350 万财政补贴收益权贷款，在资金的流动性方面为企业的稳定运营提供了强有力的支撑。

3. 取得成效

（1）经济效益

一方面，基于绿色金融的病死猪无害化处理大幅提高了生猪养殖户的参保意愿，有效扩大了生猪保险的覆盖范围，无免赔额保险的落地也进一步加强了生猪养殖户所获得的保险保障；另一方面，由于政府相关部门会根据病死猪处理数量向病死猪无害化处理组织发放相应的财政补贴，因此基于绿色金融的生猪保险的落地还能大幅提高病死猪无害化处理组织的工作积极性和工作效率。除此之外，随着保险范围的不断扩大，保费规模持续增长，规模化养殖、无害化处理等办法的普及也大大降低了生猪死亡风险，生猪保险的赔付率随之下降，因此金融机构在生猪保险中获取的利润也有所增长。

（2）生态效益

病死猪无害化处理有效降低了环保压力，促进了生猪生产与环境保护协调发展。随着生猪无害化处理工作的持续推进，衢州市的水环境质量越来越高，空气质量稳中向好，生态环境满意度不断提升，到 2020 年，衢州市的生态环境满意度已高居全省首位。

（3）社会效益

政府不再直接针对病死猪处理造成的环境污染进行防治，而是利用财政资金来购买病死猪无害化处理服务，同时建立相应的市场化监督机制，对生猪养殖进行全方位、全流程监管，以便减少在污染防治和疫病防控方面的支出，确保基于绿色金融的病死猪无害化处理方案的可持续性，充分发挥政府在环境治理方面的作用，提高治理效率。

|第三部分| 碳交易与碳金融

第9章
我国碳排放权交易市场及其运行机制

我国碳交易市场的发展历程

2021 年 7 月 16 日，全国碳排放权交易市场正式启动。根据生态环境部提供的数据，在第一个运营周期（2021 年 7 月 16 日～2022 年 7 月 15 日）累计完成碳排放配额交易 1.94 亿吨，累计成交额近 85 亿元，开局良好，为推动绿色低碳转型、实现"双碳"目标产生了积极影响。

我国碳排放权交易市场的发展经历了三个阶段，如图 9-1 所示。

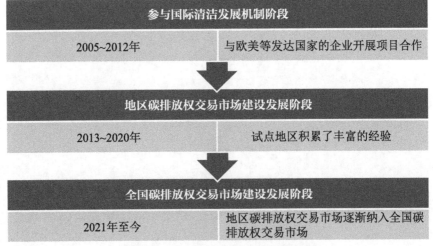

图9-1 我国碳交易市场的发展历程

1. 参与国际清洁发展机制阶段

2005～2012 年，我国尚未启动碳排放权交易市场建设，国内企业只能通过参与国际清洁发展机制（Clean Development Mechanism，CDM）间接参与国际碳交易市场，一般做法为国内企业与欧美等发达国家的企业开展项目合作，其中发达国家的企业负责让 CDM 项目产生核证减排量，用于履行其所在国家在《京都议定书》中做出的减少温室气体排放的承诺。为了实现这一目标，发达国家的企业要投入资金与技术发展清洁能源，减少化石能源的使用，从而减少温室气体排放。

在这个过程中，我国企业就可以同时获得资金与先进的减排技术，将其用于控制国内的温室气体排放。在这个阶段，国内企业通过参与国际碳交易市场积累了丰富的经验，为我国自主创建碳排放权交易市场、设计碳交易制度奠定了良好的基础。

2. 地区碳排放权交易市场建设发展阶段

2011年，在国家政策的支持下，我国选择七个地区建设碳交易试点，分别是北京市、天津市、上海市、重庆市、湖北省、广东省及深圳市。2013 年，这七个试点地区陆续完成碳排放权交易市场建设。2016 年，我国新增两个非试点地区——四川省和福建省，这两个地区也分别建设了碳排放权交易市场。

在这个阶段，这九个试点地区的碳排放权交易市场主要承担碳排放配额交易、国家核证自愿减排量交易以及各个地区自行核证的自愿减排量交易任务，交易主体包括碳排放配额管理的重点排放单位以及符合交易规则的法人机构与个人。在建设与运营碳排放权交易市场的过程中，试点地区积累了丰富的经验，为全国碳排放权交易市场建设提供了有益指导。

3. 全国碳排放权交易市场建设发展阶段

2020 年 12 月 31 日生态环境部发布《碳排放权交易管理办法（试行）》，并于 2021 年 2 月 1 日起开始实施，同年 7 月全国碳排放权交易市场正式上线，自此，我国碳排放权交易市场建设进入第三个阶段。

全国碳排放权交易市场启用之后，地区碳排放权交易市场并没有废止，而是呈现出两级市场并行的局面。全国碳排放权交易市场建设采用的是"双城"模式，其中上海负责交易，湖北武汉负责登记结算。碳交易系统汇聚了全国所有的碳排放权交易指令，统一配对成交，与登记结算系统相连。一天的交易结束之后，登记结算系统会根据交易系统提供的成交结果办理碳排放配额和资金的清算结收。重点排放单位及符合交易规则的法人机构与个人可以通过交易客户端参与全国碳排放权交易。

当然，全国碳排放权交易市场与地区碳排放权交易市场并行的局面是暂时的，根据生态环境部发布的《关于公开征求〈碳排放权交易管理暂行条例（草案修改稿）〉意见的通知》及《碳排放权交易管理暂行条例（草案修改稿）》的相关要求，未来地区碳排放权交易市场将逐渐纳入全国碳排放权交易市场，而且我国将不再新建地区碳排放权交易市场，已经纳入全国碳排放权交易市场的控排企业在减排的温室气体种类相同、行业相同的情况下无须再参与地区碳排放权交易市场。

我国碳交易市场的运行规则

虽然我国碳排放权交易市场起步比较晚，但经过几年的探索已经形成了比较完善的市场运行机制，覆盖的交易种类、交易主体以及交易标的越来越多，下面对这些市场的运行情况进行具体分析。

1. 碳排放权交易市场的运行体系

目前，我国碳排放权交易市场由全国碳排放权交易市场和地区碳排放权交易市场构成，地区碳排放权交易市场包括 7 个试点地区的碳排放权交易市场和 2 个非试点地区的碳排放权交易市场，遵循独立运行原则。在地区碳排放权交易市场领域，一些地区的碳排放权交易市场设立了登记机构与交易机构，一些地区没有将登记机构与交易机构分开，而是采用了合并设置的方式。

全国碳排放权交易市场分别设立登记机构与交易机构，但目前这两个机构尚未建成，所以将全国碳排放权注册登记的相关工作交由湖北碳排放权交易中心负责，将全国碳排放权交易工作交由上海环境能源交易所负责。

按照规划，登记机构主要负责记录全国碳排放配额的持有、变更、清缴、注销等信息，并提供结算服务，为判断碳排放配额的归属提供有效依据；交易机构主要负责组织开展全国碳排放权集中统一交易。在登记机构下还有一个国家自愿减排交易注册登记系统，主要负责记录国家核证自愿减排量的持有、变更、注销等信息。

全国碳排放权交易市场与地区碳排放权交易市场的注册登记机构 / 系统以及交易场所等信息如表 9-1 所示。

表 9-1　全国 / 地区碳排放权交易市场的登记机构 / 系统与交易场所

碳排放权交易市场区域	碳排放配额注册登记机构 / 系统	核证自愿减排量注册登记系统	交易场所
北京	北京市气候中心	国家自愿减排交易注册登记系统，部分地区设置有地方核证自愿减排量的登记系统	北京绿色交易所
上海	上海信息中心		上海环境能源交易所
深圳	深圳市注册登记簿系统		深圳排放权交易所
天津	天津排放权交易所		天津排放权交易所

续表

碳排放权交易市场区域	碳排放配额注册登记机构/系统	核证自愿减排量注册登记系统	交易场所
广州	广州碳排放权交易所	国家自愿减排交易注册登记系统，部分地区设置有地方核证自愿减排量的登记系统	广州碳排放权交易所
重庆	重庆碳排放权交易所		重庆碳排放权交易所
湖北	湖北排放权交易中心		湖北碳排放权交易中心
四川			四川联合环境交易所
福建	福建省生态环境信息中心		海峡股权交易中心
全国	全国碳排放权注册登记机构（未设立，湖北碳排放权交易中心暂时承担相应职能）		全国碳排放权交易机构（未设立，上海环境能源交易所暂时承担相应职能）

2. 碳排放权交易市场的运行规则

（1）碳排放配额发放

政府主管部门根据国家控制温室气体排放的总目标，对温室气体排放、产业结构、经济增长、能源结构、控排企业纳入情况等因素进行综合考虑，确定碳排放额度，并将其分配给每家控排企业。控排企业收到碳排放额度后，要积极采取一些措施保证实际的碳排放规模不会超过政府分配的碳排放额度，例如改进生产技术、引入新设备等，以完成碳减排目标。

（2）履约周期及配额清缴

控排企业要在每个履约周期（一个履约周期为一年）内根据温室气体实际排放量向分配碳排放配额的省级生态环境部门清缴上一年度的碳排放配额，即便控排企业已经被纳入全国碳排放权交易市场，也要由省级生态环境部门分配碳排放配额，向省级生态环境部门清缴碳排放配额。

如果控排企业超额完成碳减排任务，在向省级生态环境部门清缴完碳排放配额之后依然有剩余，可以在下一个履约周期自行结转使用，或者通过碳排放权交易市场出售。需要注意的是，如果控排企业属于湖北碳排放权交易市场，即便超额完成了减排任务，清缴后仍有剩余，剩余碳排放配额也会在履约周期满后自动归零。其他地区碳排放权交易市场和全国碳排放权交易市场均没有配额归零的结转期限限制。

如果控排企业没能完成碳减排任务，无法足额清缴碳排放配额，就需要通过碳排放权交易市场购买碳排放配额，也可以使用 CCER 及相应地区各自核证的自愿减排量抵消一部分碳排放量，以完成足额清缴。需要注意的是，各个地区碳排放权交易市场和国家碳排放权交易市场对抵消比例都有规定，一般为 5% ~ 10%。

（3）MRV 与监管机制

MRV 代表的是监测（Monitoring）、报告（Reporting）、核查（Verification），指的是碳排放的量化与数据质量保证的过程。在监测与报告环节，企业要制订并实施监测计划，编制排放报告；在核查环节，第三方核查机构要按照相关要求对企业的减排效果进行核查。MRV 与监管机制为碳排放权交易体系的落地实施奠定了良好的基础，为达到预期的环境效果提供了强有力的保障。

为了对各行业排放数据的测量、报告与第三方核查环节进行规范，地区碳排放权交易市场所属地区的主管部门均出台了相关的方法、指南与规范，并建立了企业温室气体排放信息电子报送系统，以保证核查结果的准确性。根据国家以及地方的相关规定，如果控排企业在温室气体排放报告中弄虚作假，虚报、瞒报、拒绝报告，将会受到行政处罚，轻则被责令限期改正，重则被罚款、核减下个年度的碳排放配额等。

我国碳排放权交易的产品

碳排放权指的是权利主体为了生存与发展，由自然或者法律赋予的向大气排放温室气体的权利。从本质上讲，碳排放权就是权利主体获取的一定数量的气候环境资源使用权。因为温室气体的种类比较多，为了方便计算，所以将温室气体中占比最大的二氧化碳作为度量温室效应的基本单位。

碳排放权交易源于20世纪90年代经济学家提出的排污权交易。经济学家指出为了控制污染物排放，可以建立合法的污染物排放权利，通过发放排放许可证的方式，将环境资源打造成一种商品在市场上流通交易。排污权交易自提出之后被广泛应用于水污染控制、二氧化硫和二氧化氮减排领域，均取得了不错的效果。于是，在控制温室气体排放、减缓全球升温的大背景下，人们将排污权交易模式引入碳减排领域，提出碳排放权交易。

具体来讲，碳排放权交易是指在全球或者某个国家/地区的碳排放基准水平或总量确定的前提下，减排主体通过碳排放市场对多余的碳排放配额进行交易的行为。我国碳排放权交易市场由全国碳排放权交易市场和地区碳排放权交易市场构成，其中：

● 全国碳排放权交易市场的交易标的主要是碳排放配额（Chinese Emissions Allowance，CEA）及国家核证自愿减排量（Chinese Certified Emission Reduction，CCER）；

● 地区碳排放权交易市场除了支持碳排放配额交易与CCER交易之外，还有一些地区支持交易相应地区自行核证的自愿减排量，例如福建林业碳汇项目（FFCER）、广东碳普惠抵消信用机制（PHCER）、北京林业碳汇抵消机制（BCER）等。

1. 碳排放配额

中国碳排放配额指的是在碳排放总量控制的前提下，政府为重点控排企业分配的碳排放权凭证和载体，1单位配额相当于1吨二氧化碳当量，是碳交易的主要标的物。依法获得碳排放配额的企业和个人可以通过碳排放权市场对所拥有的碳排放配额进行交易。

2. 国家核证自愿减排量

根据生态环境部发布的《碳排放权交易管理办法（试行）》，国家核证自愿减排量（CCER）是指"对我国境内可再生能源、林业碳汇、甲烷利用等项目的温室气体减排效果进行量化核证，并在国家温室气体自愿减排交易注册登记系统中登记的温室气体减排量"。

CCER面向的主要是除水电、核电之外的可再生能源企业，所涉及的企业可能并未纳入碳交易市场，但这些企业可以通过开展碳减排项目，经国家主管部门审批获得国家核证自愿减排量，并在碳排放权交易市场上进行交易。目前，我国支持企业用CCER抵消碳排放，但对使用比例做出了规定。根据生态环境部发布的《碳排放权交易管理办法（试行）》，用于抵消的CCER不得超过应清缴碳排放配额的5%。

3. 其他交易产品

为了鼓励碳排放权等交易工具发展、碳金融产品创新，我国出台了很多政策文件，包括《国务院关于进一步促进资本市场健康发展的若干意见》《关于构建绿色金融体系的指导意见》等。

在政策的支持下，我国碳金融产品创新取得了一定的进展，出现了十余种衍生品，包括碳指数、碳债权、配额质押贷款、引入境外投资者、碳基金、碳配额托管、绿色结构存款、碳交易市场集合资产管理计划、CCER质押贷款、配额回购融资、碳资产抵押品标准化管理、碳配额场外掉期、碳资产质押授信等。

我国碳排放权交易的场所

目前，我国碳排放权交易市场采用的是全国碳排放权交易市场与地区碳排放交易市场并行的模式，下面对这两个碳排放权交易市场进行具体分析，并总结我国碳排放权交易市场的基本逻辑。

1. 地方碳排放权交易市场

2011 年 10 月，随着《国家发展改革委办公厅关于开展碳排放权交易试点工作的通知》（发改办气候〔2011〕2601 号）发布，我国正式启动碳排放权交易试点建设。按照国家发展改革委的指示，北京市、天津市、上海市、重庆市、湖北省、广东省、深圳市七个地区开始建设碳排放权交易试点，建设碳排放权交易市场，制定碳排放权交易管理规定，将全国 20多个行业近 3000 家重点排放单位纳入碳排放权交易市场。根据上海环境能源交易所发布的数据，截至 2022 年 6 月 15 日，各试点省市碳排放配额累计成交量约 5 亿吨，累计成交额约 130 亿元。至此，我国的碳交易市场体系初步形成。

在 7 个试点地区尝试建设碳排放权交易市场的过程中，各地方发改委开始组建各地方的碳排放交易所，包括北京环境交易所、天津排放权交易所、上海环境能源交易所、贵州环境能源交易所、深圳排放权交易所等。这些交易所的主要业务是对项目进行挂牌，然后与各试点地区建设的碳排放权交易市场合作，为潜在投资者提供需要的信息，无法直接开展碳排放权交易。

在地区碳排放权交易市场领域，对交易主体的规定基本相同，包括纳入各自地区碳排放配额管理的控排企业、符合交易规则的法人机构及个人。但各地对法人机构与个人的具体要求与标准不同，这些不同主要表现在参与主体的注册资本、存续时间、投资能力、有无违法违规行为等方面。

各地区碳排放权交易市场对 CCER 交易主体的规定基本相同，主要包括三大类，一是纳入各自地区碳排放配额管理的控排企业，二是减排项目业主，三是其他符合要求的机构，目前均不允许个人参与交易。

2. 全国碳排放权交易市场

2020 年 12 月 31 日，生态环境部发布《碳排放权交易管理办法（试行）》，宣布"生态环境部按照国家有关规定建设全国碳排放权交易市场"，"组织建立全国碳排放权注册登记机构和全国碳排放权交易机构，组织建设全国碳排放权注册登记系统和全国碳排放权交易系统"。2021 年 7 月 16 日，全国碳排放权交易市场正式启动，将试点地区现有的发电企业纳入管理范围，后续将逐渐向其他行业拓展。

由于全国碳排放权交易市场与地区碳排放权交易市场的准入门槛、覆盖范围、支持交易的产品种类等存在一定的差异，所以在全国碳排放权交易市场投入运行后，地区碳排放权交易市场仍会继续运行。

在全国碳排放权交易市场领域，碳排放配额的交易主体包括三大类，一是纳入全国碳排放配额管理的控排企业，二是符合要求的机构，三是符合要求的个人。目前，全国碳排放权交易市场的交易主体主要是控排企业，还没有对机构与个人参与碳排放配额交易制定明确的标准与条件。在 CCER 交易方面，全国碳排放权交易市场只允许纳入全国碳排放配额管理的控排企业进行交易，暂时不支持减排项目业主、其他机构、个人参与交易。

3. 我国碳排放权交易市场的基本逻辑

在每个履约周期内，全国碳排放权交易市场或者地区碳排放权交易市场都会将一些重点排放单位纳入碳排放配额管理，然后由政府主管部门为这些企业分配碳排放配额。这些重点排放单位或称为控排企业需要保证自己在履约周期内的碳排放量不能超过碳排放配额。

但因为每个控排企业的情况不同，有些控排企业能够在履约周期内完成控排任务，有些企业无法完成。在这种情况下，碳排放权交易机制就能发挥作用：

- 完成控排任务的企业，如果有剩余的碳排放配额，就可以通过碳排放权交易市场将其出售给没有完成控排任务的企业，并获取一定的收益；
- 没有完成控排任务的企业可以购买碳排放配额或核证自愿减排量，以抵消碳排放配额与实际碳排放量之间的差额，达到控排要求。

从"双碳"目标来看，碳排放权的交易逻辑可以从以下两个方面来理解：一方面，控排企业通过技术创新、工艺生产改革、引入新设备等方式减少二氧化碳的排放量，达到控排要求；另一方面，控排企业通过购买碳排放配额或者核证自愿减排量的方式让碳减排量与碳排放量相互抵消。

第10章
我国碳排放权交易机制的框架设计

碳排放权交易市场的机制设计

"2030 年实现碳达峰，2060 年实现碳中和"目标的提出彰显了我国主动应对气候问题、承担大国责任的决心。为了实现"双碳"目标，我国必须采取多元化的手段鼓励各行业各领域积极推进碳减排，其中一个比较有效的市场化手段就是创建碳排放权交易市场、开展碳交易。

全球最早的碳排放权交易体系诞生于 2005 年，由欧盟创建，自此之后，世界各国纷纷开始推进碳排放权交易市场建设。碳排放权交易市场借鉴了排污权市场的理念与运作方式。20 世纪 60 年代，面对日益严重的环境污染问题，美国经济领域的专家、学者开始探讨如何利用经济手段减少污染。

1968 年经济学家戴尔斯提出"排污权"这一概念，认为政府作为环境资源的拥有者可以将排放一定污染物的权利出售给企业等主体，这些主体可以向政府购买排污权，也可以向其他拥有排污权的主体购买这种权利。20 世纪 80～90 年代，利用排污权交易解决环境污染问题的模式诞生。从 20 世纪 80 年代开始，美国开始大范围创建排污权市场试点，同时有学者提出可以尝试利用这种模式减少温室气体排放，类似的观点和提议虽然吸引了一批学者对此进行基础性研究，但没有引起太多关注。

直到1997年，在日本京都召开的《联合国气候变化框架公约》缔约方第三次会议通过了《京都议定书》，商定"发达国家从2005年开始承担减少碳排放量的义务，发展中国家从2012年开始承担减排义务"。此后，欧盟开始关注碳排放权交易市场，于2000年提出在欧盟内部建立碳排放权交易体系的设想，并于2005年推出欧盟碳排放交易系统（European Union Emission Trade System，EU-ETS），这是全球第一个碳排放权交易市场。

常见的碳排放权交易市场的设计框架与排污权市场一样，由五大部分构成，分别是基本设置、总量设定、配额分配、交易机制及违约惩罚，具体如图10-1所示。

图10-1　碳排放权交易市场的设计框架

1. 基本设置

基本设置指的是碳排放权交易市场要根据所处区域的碳减排目标、温室气体的排放特点以及数据基础设置支持交易的温室气体种类、行业与参与主体。

一般来讲，支持交易的温室气体种类包括二氧化碳、二氧化氮、甲烷等；支持参与交易的行业包括火电、工业、交通运输、建筑等高耗能行业；支持参与交易的主体包括控排企业与非控排企业、金融机构与个人等，其中金融机构发挥着重要作用。

2. 总量设定

总量指的是碳排放权交易市场覆盖的控排企业在履约周期内可以排放的碳总量，其设定方式有两种：

（1）基于数量（mass-based）的方式

即根据碳减排目标设定可排放的碳总量，这种设定方式的优势在于碳减排的确定性比较高，缺点在于可排放的碳总量确定之后无法根据实际情况进行调整，弹性比较差。

（2）基于强度（intensity-based）的方式

即以单位 GDP 的碳排放量为基准，根据履约周期内控排企业的实际碳排放量来确定碳排放总量。这种设计方式可以根据实际情况对碳排放总量进行灵活调整，但对相关数据的要求比较高，而且减排效果不太确定。

3. 配额分配

配额分配指的是将碳排放总量划分为单位碳配额，并将其分配给控排企业。碳配额分配同样有两种方式：

（1）无偿分配

碳排放权交易市场免费为控排企业分配碳配额，可以采用历史法或者基准线法确定碳配额数量。因为企业无须付出任何成本就可以获得碳配额，所以参与碳减排的积极性比较差。

（2）有偿分配

碳排放权交易市场为控排企业分配碳配额，控排企业需要支付一定的费用。这种方式可以激励控排企业积极参与碳减排，但推行过程会遇到很多困难。

4. 交易机制

交易机制的设计包括两大内容，一是设计交易品类，二是设计市场调节机制。一般来说，碳排放权交易市场支持的交易品类主要包括碳配额现货、碳配额期货、核证减排量以及碳期权、碳互换、碳掉期等碳金融衍生品。市场调节机制的设计内容主要包括设定价格区间、设计储备机制、公开市场操作等，主要用于保证碳市场稳定运行。

5. 违约惩罚

违约惩罚指的是对履约周期内没有完成碳减排任务的企业与主体进行惩罚，惩罚方式主要是罚款，惩罚力度要视具体情况而定，而且要随着碳市场的发展进行调整。

碳排放权的交易方式与流程

碳排放权交易不仅可以调节资金的流向，为绿色低碳行业与产业提供更多资金支持，还可以促进控排企业实现低碳绿色转型，淘汰一批转型困难的老旧企业，优化产业结构，同时还可以在全社会形成碳价信号，为整个社会的低碳转型以及"双碳"目标的实现奠定良好的基础。

1. 交易方式

根据生态环境部发布的《碳排放权交易管理办法（试行）》，碳排放交易要通过全国碳排放权交易市场进行，交易方式包括协议转让、单向竞价或者其他符合规定的方式。在全国碳排放权交易市场建成之前，各试点地区的碳排放权交易市场承担了碳交易职能，并探索出协议转让、单向竞价交易、定价交易、挂牌点选、拍卖交易等多种交易方式，具体如图 10-2 所示。

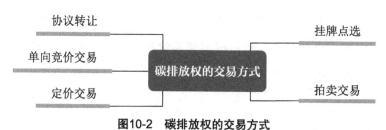

图10-2　碳排放权的交易方式

（1）协议转让

协议转让指的是交易双方通过协商就碳配额交易数量、交易价格、交易时间等内容达成一致，交易一方向碳排放权交易系统提交协议转让交易挂单申报、交易标的、意向方信息，之后意向方登录系统确认信息，确认无误后由交易机构进行审核，完成交易。

如果交易双方决定采用协议转让，需要根据交易所的具体规定设计交易数量、申报价格。因为在这方面，不同的交易所有不同的规定。例如，广州碳排放权交易中心规定协议转让的单笔交易数量不能低于 10 万吨，申报价格应为前一个交易日收盘价的 70% ～ 130%。

（2）单向竞价交易

单向竞价交易指的是交易主体向交易机构提出买入或者卖出申请，交易机构发布竞价公告，有意向的出让方或者受让方按照规定出价，并在规定时间内通过碳排放权交易系统完成交易的过程。根据单次交易的碳配额数量，竞价交易可以分为两种类型，一种是整体竞价交易，一种是部分竞价交易，具体分析如下。

● **整体竞价交易**：在整体竞价交易方式下，只能有一个受让方或者出让方与申报方达成交易，并且每笔申报数量必须一次性全部成交，否则交易不能达成。交易双方挂出固定数量的挂单，可以自行设置底价。

- **部分竞价交易**：在部分竞价交易方式下，可以由一个或多个受让方或者出让方与申报方达成协议，将每笔申报数量切分成一个个小单元进行交易，最后根据交易价格、交易数量、交易时间的顺序决定成交结果。

（3）定价交易

定价交易指的是申报方在向交易机构提出买入或者卖出申请时提交交易价格，有交易意向的受让方或者出让方按照这个价格完成交易。定价交易采取“时间优先”原则，这个时间指的是交易所交易系统收到受让方或者出让方提交报价的时间，按照先后顺序确定成交方，没能达成交易的部分在活动结束后自动撤销。

（4）挂牌点选

挂牌点选指的是碳配额的买入方或者卖出方通过碳排放权交易系统提交买入或者卖出的挂单申报，注明交易的碳配额的数量与价格。之后，受让方或者出让方在挂牌信息中选择自己需要的挂单，手动点击摘牌，提交买入或者卖出申报完成交易。

挂牌点选遵循“价格优先、时间优先”原则，受让方只能点选价格最低的卖出挂单，出让方只能点选价格最高的买入挂单，最终按照挂单申报价格与申报数量完成交易。

（5）拍卖交易

拍卖交易指的是碳配额的出让方通过碳排放权交易市场将一定数量的碳配额挂牌转让，并设定交易周期，由有购买意向的受让方按照拍卖规则出价，最终按照"价格优先、时间优先"的原则确定最终受让方，完成交易。

一般情况下，交易所会对拍卖交易价格的涨幅比例做出明确规定，例如不能超过前一个交易日线上交易价格的10%等。

2. 交易流程

碳排放权交易涉及的主体非常多，为了保证交易顺利进行，必须明确交易流程，具体流程如图10-3所示。

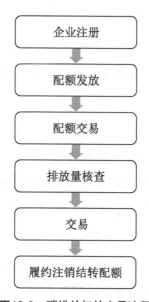

图10-3 碳排放权的交易流程

- 政府主管部门向控排企业分配碳配额，并进行核查审定；
- 核查机构对交易项目及排放量进行审查；
- 碳排放权交易所制定交易规则，发布交易信息，对交易主体进行统筹协调，保证交易顺利完成；
- 控排企业贯穿碳排放权交易的全过程，需要按照国家碳排放权交易市场或者地区碳排放权交易市场的规则开展碳交易。

碳排放配额（CEA）的交易机制

碳排放配额（CEA）的交易机制主要涉及碳排放配额的分配以及碳排放配额交易方式两部分内容，具体分析如下。

1.碳排放配额的分配

（1）碳排放配额总量确定及分配

对于地区碳排放权交易市场而言，省级生态环境主管部门会在每个履约周期开始之前，根据当地的温室气体控排目标，结合产业发展政策、行业发展规划以及各个行业的减排潜力等因素确定地区碳排放权交易市场的年度配额总量，然后采用基准线法或历史法对地区碳排放配额进行分配。需要注意的是：

- 基准线法要对行业的碳排放基准值、企业年度产量及综合修正系数等进行综合计算，据此为各个控排企业分配碳排放配额。这种方法主要适用于电力、热力、钢铁、供水、供气、交通等产品种类比较单一且数据条件比较好的企业。
- 历史法要对企业最近3～5年内的历史碳排放量、年度产品产量、年度业务量等进行计算，确定企业的年度基础配额。

因为碳排放配额的生成具有很大的不确定性，所以很多地区会根据企业的实际情况对碳排放配额进行灵活调整。

全国碳排放权交易市场碳排放配额总量的确定要遵循自上而下与自下而上相结合的原则。首先，省级生态环境主管部门要了解本行政区域内控排企业温室气体的实际排放量，采用合适的碳配额分配方法，结合碳排放基准值确定各控排企业的碳排放配额，将这个数值上报给生态环境部；其次，生态环境部根据国家温室气体排放控制要求，对产业结构调整、经济增长、能源结构优化、大气污染物排放协同控制等因素进行综合考虑，确定碳排放配额总量及分配方案，下发给省级生态环境主管部门；最后，省级生态环境主管部门按照方案要求向本行政区域内的控排企业分配下一个履约周期的碳排放配额。

（2）免费分配与有偿分配

碳排放配额分配有两种方式，一种是免费分配，一种是有偿分配。目前，全国碳排放权交易市场采用免费分配的方式分配碳排放配额，未来可能会引入有偿分配。

在地区碳排放权交易市场中，目前主要是北京市和福建省两个地区完全采用免费分配模式，其余地区采用的都是以免费分配为主、有偿分配为辅的分配方式。例如，广东省在分配2021年度的碳排放配额时采用的就是免费分配与有偿分配相结合的模式，对航空领域的控排企业实行完全免费分配，对钢铁、石化、水泥、造纸领域的控排企业实行部分免费，免费比例为96%。

有偿分配碳配额一般采用不定期竞价模式，相关部门会根据竞价公告日前当地碳排放权交易市场中碳排放配额成交均价确定竞买底价，通常是在成交均价的基础上上调20%或者下调20%。

2. 碳排放配额交易方式

地区碳排放权交易市场中碳排放配额的交易方式主要有四种，分别是挂牌交易、协议转让、定价点选、定价转让；地区碳排放权交易市场中碳排放配额的交易方式主要有两种，分别是协议转让、单向竞价。

协议转让指的是交易双方在交易开始之前达成交易意向及交易协议，然后通过交易系统进行报价、询价，最终确认成交。根据单笔交易申报的二氧化碳当量，协议转让可以细分为两种方式，一是挂牌协议交易，二是大宗协议交易。

单向竞价指的是交易主体向交易机构提出交易申请，由交易机构发布竞价公告，有意向购买碳配额或者出售碳配额的主体按照固定报价，双方在约定时间内通过交易系统完成交易。在单向竞价模式下，在交易达成之前，交易双方不了解彼此的身份信息。

全国碳排放权交易市场与地区碳排放权交易市场中碳排放配额的交易方式如表 10-1 所示。

表 10-1　全国／地区碳排放权交易市场中碳排放配额交易方式

碳排放权交易市场区域	交易标的	交易方式
北京	BEA（北京碳排放配额）	公开交易、协议转让
天津	TJEA（天津碳排放配额）	协议交易、拍卖交易
上海	SHEA（上海碳排放配额）	挂牌交易、协议转让
	SHEAF（上海碳配额远期产品）	询价交易
深圳	SZEA（深圳碳排放配额）	电子竞价、定价点选、大宗交易
广东	GDEA（广东碳排放配额）	挂牌点选、协议转让
重庆	CQEA-1（重庆碳排放配额）	协议交易
湖北	HBEA（湖北碳排放配额）	协商议价转让、定价转让
福建	FJEA（福建碳排放配额）	挂牌点选、协议转让、单向竞价、定价转让、FJEA 远期交易
全国	CEA（中国碳排放配额）	协议转让、单向竞价

核证自愿减排量的交易机制

核证自愿减排量需要经过相关部门在温室气体自愿减排交易注册登记系统中进行登记和备案，由于各个自愿减排项目在登记和备案时所选取主管部门的层级不同，因此自愿减排项目的核证自愿减排量也需要按照核证备案主管部门的层级划分为两类。

其中，由各个地区自行核证的自愿减排量被称为地区核证自愿减排量，例如，北京林业碳汇抵消机制（Beijing Forestry Certified Emission Reduction，BFCER）、福建林业碳汇项目（Fujian Forestry Certified Emission Reduction，FFCER）、成都"碳惠天府"机制碳减排量（Chengdu Certified Emission Reduction，CDCER）、重庆"碳惠通"项目自愿减排量（Chongqing Certified Emission Reduction，CQCER）等。由国家主管部门核证的自愿减排量被称为国家核证自愿减排量（CCER）。根据我国相关规定，同一自愿减排项目不能既申报地区核证自愿减排量，又申报国家核证自愿减排量。

1. 核证自愿减排量的取得

（1）地区核证自愿减排量

各地区的主管部门通常会针对本地区的实际情况发布相关政策文件，并以此为依据来为自愿减排项目注册、备案、核证和签发核证自愿减排量，确定自愿减排项目的类型。一般来说，此类工作主要由省级生态环境部门和市级生态环境部门负责。

例如，重庆"碳惠通"项目自愿减排量的取得大致经过两个环节。具体来说，在第一个环节中，首先要由项目业主向市生态环境局申请CQCER项目备案，其次要经过国家应对气候变化主管部门批准的审定与核证机构的审定或核证，再次要由联合国清洁发展机制执行理事会指定经营实体，最终完成项目审定工作，并经由市生态环境局进行项目备案；在第二个环节中，首先要由核证机构对CQCER项目产生的减排量进行核证，其次由市生态环境局对经过核证的减排量进行备案，最后业主才能取得CQCER。

CQCER项目的类型多种多样，主要包括绿色建筑、森林碳汇、非可再生能源、交通出行碳减排、农林领域甲烷减排以及污水处理和垃圾填埋处理等方面的甲烷利用等项目，除此之外，符合"十四五"规划中的各项要求且经过市生态环境局批准的温室气体减排项目也在CQCER项目的覆盖范围内。

（2）国家核证自愿减排量

国家核证自愿减排量的取得过程同样需要经过两个环节。

在第一个环节中，首先要由业主或咨询方对项目和文件进行设计；其次要由在国家主管部门备案过的第三方审定机构对项目设计文件进行审定，并交由国家发展改革委进行公示；再次要由第三方审定机构对公示期满的项目设计文件进行现场审定，并在审定通过后出具项目审定报告；最后由业主向国家发展改革委申报项目备案，从而完成温室气体自愿减排项目的申请、审定和备案工作。

在第二个环节中，首先业主或咨询方要编制温室气体自愿减排项目减排量监测报告，并交由第三方核证，其次要由国家发展改革委对经过核证的减排量检测报告进行备案，最后业主才能取得国家核证自愿减排量。

现阶段，CCER项目主要包括以下四类。

- 第一类是采用由国家主管部门备案的方法学开发的自愿减排项目；
- 第二类是国家发展改革委已批准，但目前还没有在联合国清洁发展机制执行理事会注册的项目；
- 第三类是国家发展改革委已批准，且减排量产生于联合国清洁发展机制执行理事会注册之前的项目；
- 第四类是已经在联合国清洁发展机制执行理事会成功注册，但尚未完成减排量签发的项目。

由于CCER项目既能够通过实施林业碳汇、可再生能源、甲烷回收利用等减排项目来达到节约能源、提高能源利用率和利用效率、减少温室气体排放等目的，也能够在一定程度上弥补碳排放权交易市场存在的不足，因此即便国家发展改革委已经在 2017 年第 2 号文件中明确表示为修订《温室气体自愿减排交易管理暂行办法》，自 2017 年 3 月 14 日起暂缓受理温室气体自愿减排交易相关备案申请，且至今仍未重启，业内人士也仍旧十分看好 CCER 在未来的发展。2022 年 7 月 13 日，生态环境部组织召开 2022 年全国碳排放权交易市场建设工作会议，并在会上表示要力争早日重启温室气体自愿减排项目备案和全国统一注册交易。

2. 核证自愿减排量的交易

（1）交易主体

现阶段，全国碳排放权交易市场并未对所有主体开放，在我国，只有处于国家碳排放权交易市场或地区碳排放权交易市场中的控排企业才可作为交易主体用核证自愿减排量抵消碳排放配额。我国的国家核证自愿减排量和地区核证自愿减排量的交易主体如表 10-2 所示：

表 10-2　我国国家核证自愿减排量和地区核证自愿减排量的交易主体

交易标的	交易主体
PCER❶、FCER❷	政府机关、企事业单位、社会团体
PHCER❸	自然人、法人或非法人组织
CQCER❹	国内外机构、政府机关、企事业单位、社会团体和个人
CDCER❺	政府机关、企事业单位、社会团体和个人
FFCER❻	政府机关、企事业单位、社会团体和个人
CCER	地区及国家碳排放权交易市场控排企业、减排项目业主及其他机构

❶　PCER 为北京绿色出行减排量。
❷　FCER 为北京林业碳汇抵消机制。
❸　PHCER 为广东碳普惠核证减排量。
❹　CQCER 为重庆"碳惠通"项目自愿减排量。
❺　CDCER 为成都"碳惠天府"机制碳减排量。
❻　FFCER 为福建林业碳汇项目。

（2）登记注册及交易场所

从登记和注册等环节来看，国家核证自愿减排量需要在国家资源减排交易系统中完成登记、注册、持有、变更、注销等一系列操作，而地区核证自愿减排量则需在相应地区的注册登记簿或注册登记平台上完成这些操作。

从交易环节来看，国家核证自愿减排量和地区核证自愿减排量的交易场所均为各地区的碳排放权交易市场。我国已经陆续在多个地区开放碳排放权交易试点，并在 2021 年 7 月 16 日推出全国碳排放权交易系统，控排企业可以在其所在地区的碳排放权交易市场中进行 CCER 交易，并利用 CCER 抵消碳排放配额（CEA）清缴，但目前 CCER 还未在全国碳排放权交易市场中开始交易。

（3）交易方式

国家核证自愿减排量和地区核证自愿减排量的交易方式必须符合交易所在地区的交易规则，具体来看，碳排放权交易方式如表 10-3 所示。

表 10-3　我国地区碳排放权交易方式

碳排放权 交易地区	交易标的	交易方式
北京	CCER、PCER、FCER	公开交易、协议转让
天津	CCER	协议交易、拍卖交易
上海	CCER	挂牌交易、协议转让
深圳	CCER	电子竞价、定价点选、大宗交易
广州	CCER	挂牌点选、协议转让
	PHCER	挂牌点选、协议转让、竞价转让
重庆	CCER、CQCER	协议交易
湖北	CCER	协商议价转让、定价转让
四川	CCER、CDCER	定价点选、电子竞价、大宗交易、柜台交易
福建	CCER、FFCER	挂牌点选、协议转让、单向竞价、定向转让

（4）使用核证自愿减排量抵消碳排放配额清缴交易流程

对于地区核证资源减排量来说，无论是交易流程还是抵消清缴流程均由交易市场所在地区的相关部门来执行交易规则。

以CQCER为例，2021年9月14日，重庆市生态环境局发布《重庆市"碳惠通"生态产品价值实现平台管理办法（试行）》，并提出"纳入重庆市碳排放权交易市场的配额管理单位使用CQCER进行履约时，须向市生态环境局提出履约抵消申请，由市生态环境局对符合履约相关规定的履约抵消申请予以确认，将履约信息交由运营主体对相应CQCER予以注销"。

控排企业在使用CCER抵消全国碳市场配额清缴时，通常需要完成以下几项工作。

- 第一步，控排企业在国家温室气体自愿减排交易注册登记系统中注册一般持有账户，在经过备案的温室气体自愿减排交易机构的交易系统中注册交易账户；
- 第二步，控排企业在自愿减排交易机构的交易系统中购买符合配额清缴抵消条件的CCER，并将其转入自身在国家温室气体自愿减排交易注册登记系统的一般持有账户当中；
- 第三步，控排企业要确认自身的一般持有账户是否符合抵消配额清缴条件、是否具有足够的CCER，并填写《全国碳市场第一个履约周期重点排放单位使用CCER抵消配额清缴申请表》，将申请表提交至其所属省级生态环境主管部门；
- 第四步，控排企业在其所属省级生态环境主管部门对申请表进行确认后，登录国家温室气体自愿减排交易注册登记系统，使用

"自愿注销"功能将其一般持有账户中符合条件的 CCER 注销，同时对完成注销的界面进行截图，并将该截图提交至其所属省级生态环境主管部门；

- 第五步，国家气候战略中心通过国家温室气体自愿减排交易注册登记系统查询各省控排企业完成的 CCER 注销操作记录，并向相应的省级生态环境主管部门发送注销操作记录，同时将其抄送给全国碳排放权注册登记机构；

- 第六步，全国碳排放权注册登记机构参照国家气候战略中心提供的控排企业 CCER 注销操作记录来向控排企业账户生成用于抵消登记的 CCER；

- 第七步，控排企业在国家温室气体自愿减排交易注册登记系统中提交履约申请，并选择已生成的 CCER 进行履约，在其所属的省级生态环境主管部门对履约申请进行确认后前往全国碳排放权注册登记机构进行 CCER 抵消 CEA 清缴登记。

第11章

碳金融：我国碳市场的金融化之路

碳金融的概念、特征及风险

根据 2006 年碳金融发展年度报告（Carbon Finance Unit Annual Report 2006）中世界银行碳金融部门（World Bank Carbon Finance Unit）给出的定义，碳金融指的是"以购买减排量的方式为产生或者能够产生温室气体减排量的项目提供的资源"。

在世界银行碳金融部门对碳金融这个概念做出定义之后，国内外很多学者与研究机构都对这个概念进行了探究，综合来看，碳金融指的就是为了减少二氧化碳排放、减缓气候变化而开展的投融资活动，具体包括碳排放权及衍生品交易、碳汇项目的投融资以及其他相关金融服务活动。下面对碳金融的相关概念、基本内容、发展现状进行具体分析。

1. 碳金融与气候金融、碳交易的关系

碳金融与气候金融、碳交易这二者均具有一定的关系，如图 11-1 所示。

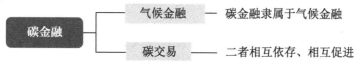

图11-1 碳金融与气候金融、碳交易的关系

（1）碳金融与气候金融的关系

根据世界银行的规定，气候金融指的是"为应对气候变化而开展的投融资活动"。从定义上看，碳金融隶属于气候金融，是气候金融大框架下的一个细分领域。

（2）碳金融与碳交易的关系

碳交易指的是围绕温室气体排放权所开展的交易活动的总称，其目的是利用市场机制的价格发现功能，督促各个国家以及各行各业尽最大努力减少二氧化碳排放。碳交易与碳金融是相互依存、相互促进的关系，碳交易是碳金融发展的前提和基础，碳金融是碳交易发展的助推剂。

一方面，只有以发展到一定规模、拥有一定数量的合格主体以及健康的风险管控机制的碳交易市场为基础，碳金融市场才能发展；另一方面，碳金融市场是碳交易活动开展的主要场所，为碳交易的开展提供了必要的支持，所以二者互为依托，缺一不可。

2. 碳金融的基本特征

碳金融具有四个基本特征，具体如图 11-2 所示。

图11-2　碳金融的基本特征

（1）公益性

碳金融市场的主要功能是应对气候变化、维护公共利益，而不是追求经济效益，这是其与其他金融活动最大的不同。

（2）专业性

从事碳金融的机构与个人不仅要具备从事传统金融活动所需的专业与资质，还要具备与碳金融有关的专业技能，包括制定碳排放配额总量目标、碳排放交易配额初始分配、配额管理，对温室气体排放进行监测、报告与核证等。

（3）跨行业性

碳金融市场涵盖了政府、碳排放企业、碳交易机构、核查机构、监测机构及其他组织和个人等多元化的主体，以及碳现货、碳期货、碳期权、碳保险、碳证券、碳合约、碳基金、碳排放配额和信用等多种类型的产品，可以说几乎涵盖了所有的金融产品形式。

（4）国家干预性

碳金融市场从创建到运行的全过程都需要政府部门参与。在碳金融市场运行过程中，政府部门要发挥宏观调控作用。此外，政府要对碳金融初级市场的产品、碳排放配额和信用做出明确规定，要对碳金融市场的核心主体、纳入碳排放权交易体系的企业和单位做出明确规定，要对碳金融市场的服务主体、碳排放权交易咨询机构、温室气体排放核查机构进行认定。

3. 碳金融面临的主要风险

碳金融面临的主要风险可以从四个层面分析。

（1）政治风险

国家政局动荡、国家间的政治冲突等都有可能诱发金融风险，导致金融市场面临流动性风险，给碳配额、监管、资源的合理分配和利用造成不良影响。

（2）政策风险

作为一类具有经济价值的资源标的物，碳金融产品的价值和稀缺性深受国家政策的影响，再加上碳金融投资交易过程复杂，运作周期比较长，交易主体可能涉及不同国家的不同企业，任何一个国家的政策变动都有可能对交易过程以及投资回报率造成不良影响，所以政策是否稳定对碳金融来说非常重要。

（3）市场风险

因为碳金融市场刚刚起步，所以产品种类比较少，体系结构比较单一，再加上风险防控体系还无法适应瞬息万变的市场环境，无法有效应对各种市场风险，不仅导致碳交易成本过高，而且导致碳交易价格波动性比较大，企业流动性比较差。

（4）投资风险

碳金融市场的交易规则比较复杂，而且存在比较严重的信息不对称现象，导致碳交易市场的价格经常发生异常，如果投资方在不熟悉规则的前提下开展交易，有可能面临较大的投资风险。

碳市场交易产品主要类型

碳金融是随着低碳经济的发展而出现的一种新型金融，是环境金融在低碳领域的创新，能够为碳交易的顺利开展、低碳经济的可持续发展提供强有力的保障。

低碳金融体系的构建最早见于 1992 年各成员签署的《联合国气候变化框架公约》；2011 年在南非班德举行的《京都议定书》第七次缔约方会议则决定启动绿色气候基金，将低碳金融体系的构建纳入实际行动。

作为全球气候治理活动的重要参与者与强有力的支持者，我国很早就开始在碳金融领域布局。

● 2011 年，我国在北京、天津、上海、重庆、湖北、广东及深圳建立碳交易市场，开展试点；2016 年，我国又新增两个碳交易市场试点，试点省份分别为四川和福建。这九个碳交易市场在运行过程中尝试推出了碳债券、碳基金、绿色结构存款，开展碳配额场外掉期交易、借碳交易、碳配额远期交易等活动，以期满足多元化的市场交易需求。

- 2016 年，我国启动了绿色债券市场，此后年发行债券规模持续增长。根据同花顺 iFinD 提供的统计数据，2022 年截至 6 月 9 日，绿色债券的发行规模已经达到 3615.6 亿元，同比增长 73.72%。

- 2017 年，全国统一的碳市场正式启动，并于 2021 年正式投入使用。2021 年 2 月，我国发行了首支碳中和债，此后碳中和债累计发行数量不断增加，规模不断扩大。

目前，市场上的碳金融产品有很多，根据对应的市场及用途大致可以分为三种类型，一是碳市场交易产品，二是碳市场融资产品，三是碳市场支持产品，具体如图 11-3 所示。

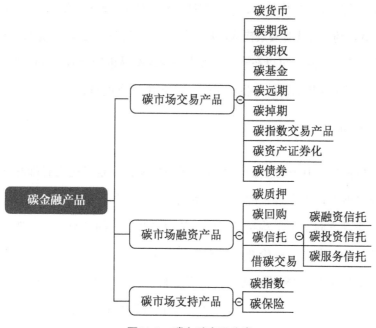

图11-3　碳金融产品分类

下面我们首先对碳市场交易产品进行简单介绍。目前，常见的碳市场交易产品主要包括以下几种。

1. 碳货币

建立在碳本位之上的一种货币形式，其币值反映的是国际碳市场上每吨二氧化碳当量物排放权的价值，有可能使碳排放权额度成为除经济实力和黄金储备之外影响一个国家货币地位与币值的决定性因素。

一个国家或地区在某个时期内碳货币总量 =（实际碳排放额度 − 分配指标）× 碳市场的交易价格。

2. 碳期货

以碳排放权配额及项目减排量为标的物的合约，由交易平台、合约规模、保证金制度、报价单位、最小交易规模、最小 / 最大波幅、合约到期日、结算方式、清算方式等要素构成，是欧盟排放交易体系中流动性最强、市场份额最大的交易产品，可以在一定程度上解决碳交易市场交易双方信息不对称的问题，对碳现货的价格产生一定的引导作用，帮助投资商规避交易风险。

3. 碳期权

以碳期货为基础产生的一种碳金融衍生品，规定了交易时间与交易价格，交易双方可以在规定的时间内按照事先约定的价格交易一定数量的碳标的，交易方向取决于购买者对碳排放权价格走势的判断，可以在一定程度上帮助购买者规避碳价波动所产生的风险。

从本质上看，碳期权就是一种买卖权，其作用与碳远期相似。如果企业的碳配额不足，可以提前买入涨势良好的期权锁定成本；如果企业的碳配额存在富余，可以提前买入看跌期权锁定收益。碳期权的基本要素如表 11-1 所示。

表 11-1 碳期权的基本要素

基本要素	概念和内容
标的资产	期权买方行权从卖方手中买入或者卖出的标的物
有效期 / 到期日	有效期指持有期权开始至期权到期日的期限。到期日指买方可行权的最后期限
执行价格	行权价格或者履约价格（场内标准化合约，场外交易双方自行协商）
期权费	期权费是指期权买方未行使期权而交付给卖方的费用
行权方向	买入或卖出看涨期权，买入或卖出看跌期权
保证金	向结算机构支付的履约保证金（卖方要交保证金，买方仅交行权费）

4. 碳基金

碳基金全称为碳汇基金，指的是"清洁发展机制"下温室气体排放权交易的专门资金，主要包括六大类，分别是世界银行型基金、国家主权基金、政府多边合作型基金、金融机构设立的盈利型基金、非政府组织管理的碳基金、私募碳基金。

碳基金的投资方向有三个，分别是低碳技术研发、低碳技术商业化落地与应用、低碳发展的孵化器。在碳市场上，碳基金管理机构是非常重要的投资主体，碳基金则是非常重要的融资工具。

5. 碳远期

碳远期是国际市场上进行 CER（Certification Emission Reduction，核证减排量）交易的一种常见方式，买卖双方约定好交易时间与交易价格，然后按照约定交易一定数量的碳排放权配额或项目减排量。碳远期可以帮助交易双方提前锁定碳收益或碳成本，实现保值。

6. 碳掉期

碳掉期是指买卖双方按照固定的价格交易碳排放权，并约定在未来的某个时间按照当时的市场价格完成与固定价交易对应的反向交易，最终买方只需要以现金的方式支付两次交易的差价即可。

目前，我国的碳掉期有两种模式：

- 一种模式是碳减排企业在当期出售碳配额，换取在未来某个时间交付的等量核证减排量或者现金；
- 另一种模式是项目业主在当期出售核证减排量，换取在未来某个时间交付的不等量碳配额。

7. 碳指数交易产品

目前，金融市场上存在很多基于指数开发出来的交易产品，例如指数基金、股指指数等。因此，证券机构也可以将碳市场指数作为标的物开发碳指数交易产品，作为被动型或者趋势性投资工具。

8. 碳资产证券化

资产证券化指的是基于特定资产组合或现金流发行可以在市场上流通交易的证券的行为，其中的支持资产可以是实体资产，也可以是信贷资产、证券资产和现金资产。碳资产证券化指的就是将碳配额及减排项目的未来收益权作为支持资产发行债券进行融资的行为。

9. 碳债券

碳债券指的是政府或企业为筹集碳减排项目资金而发行的债券，可以看作碳资产证券化的一种形式。

碳市场融资产品主要类型

目前，常见的碳市场融资产品主要包括碳质押、碳回购、碳信托以及借碳交易。

1. 碳质押

质押是指债务人或者第三人将其动产或权力移交债权人占有，以此作为债权的担保。如果债务人不愿或者没有能力履行债务，债权人有权按照法律规定对担保物进行处置获得补偿；如果债务人按照约定履行债务，债权人则要归还质押资产。碳质押指的就是用碳配额或项目减排量作为担保开展债务融资的活动，债务人将碳资产质押给债权人以获得融资，到期后按照约定支付本金与利息收回碳资产。

我国第一单碳资产质押贷款项目发生在 2014 年，交易主体分别是湖北宜化集团和兴业银行，双方签署"碳排放权质押贷款协议"，湖北宜化集团将碳排放配额作为抵押物，获得了 4000 万元的贷款。

2. 碳回购

回购指的是证券交易双方在成交的同时签订回购协议，约定在未来的某个时间按照某个价格进行反向交易的行为。碳回购指的是重点排放企业或其他配额持有者向其他机构出售配额，同时约定在未来的某个时间以某个价格回购所售配额，从而在短期内获得一定资金的行为。

我国第一单碳回购项目同样发生在 2014 年，交易主体分别是中信证券与北京华远意通热力科技股份有限公司，双方签署"碳排放配额回购融资协议"，北京华远意通获得 1330 万元的融资贷款。

3. 碳信托

在金融领域，信托指的是投资者将自己持有的股票、证券等交给专业的公司管理，由后者代为处理账户开立、资金保管、资金清算、会计核算、资产估值及投资监督等事宜。碳信托指的是企业将持有的碳资产委托给专业的碳资产管理机构进行管理与交易的活动。作为一种碳金融工具，碳信托可以实现保值增值。碳信托的一般运作模式如图11-4所示。

图11-4　碳信托的一般运作模式

碳信托可以划分为三种类型，分别是碳融资信托、碳投资信托、碳服务信托，具体分析如下。

（1）碳融资信托

碳融资信托指的是信托公司设立信托将碳资产作为抵押物或者质押物向融资企业发放贷款，或者设立信托先买入融资企业的碳资产，再按照约定时间、约定价格将碳资产返售给融资企业的资金融通行为。

以兴业银行旗下子公司兴业信托发行的福建省首单碳排放权绿色信托计划——"利丰A016碳权1号集合资金信托计划"为例，该信托计划创新性地将海峡股权交易中心碳排放权公开交易价格作为估价标准，通过受让福建三钢闽光股份有限公司100万碳排放权收益权的方式为其提供融资支持，代表了福建省碳排放权交易市场在碳金融产品领域的一大创新。

（2）碳投资信托

碳投资信托与碳基金非常相似，信托资金的主要用途就是参与碳资产交易，从而一方面提高碳资产的流动性，另一方面通过把握碳资产价格的波动趋势获取收益。在碳信托领域，这是应用范围最广的一种模式。

例如华宝信托"ESG 系列—碳中和集合资金信托计划"，该产品主要投资于国内碳排放权交易所上市交易的碳配额及 CCER。

（3）碳服务信托

碳服务信托指的是委托人将碳资产作为信托财产设立财产权信托，并将其交由信托公司进行管理，享受信托公司提供的资产管理、账户管理等服务。

典型代表如中海信托设立的中海蔚蓝 CCER 碳中和服务信托，受托人通过转让信托受益权份额为委托人募集资金，同时为委托人提供碳资产管理、碳资产交易等服务。

4.借碳交易

借碳交易的双方必须满足一定的条件，在此前提下，借入方存入一定数额的初始保证金后向借出方借入配额，并通过正规的交易所完成交易，待借碳期限满之后，借入方返还配额并按照约定支付金额。

碳市场支持产品主要类型

碳市场融资产品主要指的是碳指数和碳保险，下面我们通过案例对这两种碳市场支持产品进行分析。

1.碳指数

指数是金融服务机构或者交易所编制的、可以反映某类产品价格走势或者市场总体价格走势的指标。碳指数可以反映碳市场的运行情况，为碳指数交易产品的开发提供指导。目前，我国的碳指数方面的研究可以为相关机构与个人研究碳市场的发展现状、判断碳市场的发展趋势提供指导，典型代表如北京绿色金融协会发布的"中碳指数"，复旦大学构建的"复旦碳价指数"等，下面对这两种碳指数进行具体分析。

北京绿色金融协会发布的"中碳指数"以2014年1月2日为基期，收集北京、天津、上海、广东、湖北和深圳六个地区碳市场的线上交易数据，根据样本地区的配额规模设置权重，下设"中碳市值指数"和"中碳流动性指数"来综合反映国内各个试点碳市场的成交价格和流动情况。但由于"中碳指数"的发布渠道比较单一，主要通过北京绿色交易所的公众号发布，所以应用范围相对比较小。

2021年，复旦大学经济学院发布"复旦碳价指数"，包括全国碳排放配额价格指数、全国CCER价格指数以及各试点地区履约自愿核证减排量价格指数。"复旦碳价指数"可以预测未来1个月碳市场的交易价格，并以其为依据进行碳资产管理。但由于我国的碳市场刚刚起步，沉淀下来的历史交易数据比较少，对未来碳市场交易价格的预测不太准确。例如2021年底"复旦碳价指数"预测：2022年1月全国碳市场碳配额交易有95%的概率以43.90～48.56元/吨的价格收盘，而实际收盘价格均值为57.78元/吨，与预测结果相去甚远。未来，随着积累的历史交易数据越来越多，"复旦碳价指数"预测的准确率或许会有很大的提升。

2. 碳保险

保险是一种风险管理工具，碳保险也是如此，可以帮助碳减排项目的双方规避投资风险与违约风险，保证项目减排量按期足额交付，使得交易顺利进行。

　　例如湖北碳排放权交易中心与平安财产保险（以下简称"平安保险"）湖北分公司签署协议相互合作共同开发"碳保险"，之后平安保险与湖北华新水泥集团签署碳保险产品认购协议。按照协议规定，平安保险要为湖北华新水泥集团旗下 13 家子公司定制碳保险产品设计方案，为这些公司引入新设备之后的碳减排量保底。如果这 13 家子公司的碳排放量超出排放配额，平安保险就要进行赔偿。

第12章
我国推进碳金融发展的问题与对策

我国碳金融市场的产品创新

我国区域碳市场在碳金融领域积极创新，开发出一系列具有创新意义的碳金融工具，包括碳结构性存款、借碳交易/卖出回购、碳托管、碳信用卡，如图 12-1 所示。

图12-1 我国碳金融市场的产品创新

1.碳结构性存款

作为一种新型理财产品，碳结构性存款的收益由两部分构成：一部分是固定收益，与普通存款收益基本相同；一部分是浮动收益，与碳配额、核证减排量交易价格、碳债券等金融工具的价格息息相关，其高低深受碳价或者碳金融工具价格的影响。

例如2021年5月14日，兴业银行与上海清算所联合发行了一款碳结构性存款产品，产品收益由固定收益与浮动收益构成，其中浮动收益与上海清算所的"碳中和"债券指数直接挂钩。

2. 借碳交易 / 卖出回购

借碳交易及卖出回购是上海环境能源交易所基于碳回购及逆回购打造的一种新型碳金融工具。与碳回购及逆回购不同的是，借碳交易及卖出回购主要在履约机构之间开展交易，不需要其他非履约机构参与。

借碳交易主要发生在配额借入方与配额借出方之间，前者存入一定比例的初始保证金向后者借入配额，并在交易所进行交易，约定借碳期限与收益，到期后前者向后者返还配额并支付收益。需要注意的是，配额借入方与配额借出方必须符合一定的条件才能开展借碳交易。

卖出回购发生在控排企业与碳资产管理公司之间，前者按照合同约定向后者出售一定数量的碳配额，将获取的收益交给金融机构进行管理，待约定的期限结束之后，前者再向后者回购同等数量的碳配额。卖出回购的创新之处在于控排企业将出售碳配额获得的资金委托给其他金融机构进行管理。

我国首单碳配额卖出回购业务发生在2016年，在上海环境能源交易所的协助下，春秋航空按照合同约定向置信碳资产卖出一定数量的碳配额，将获得的资金收入委托给兴业银行上海分行进行财务管理。到期后，春秋航空购回同样数量的碳配额，与置信碳资产共享出售碳配额所获资金经过财务管理所获得的收益。

3. 碳托管

碳托管指的是企业将碳减排项目开发、碳资产账户管理、碳交易委托与执行、低碳项目投融资与风险评估等与碳排放有关的管理工作委托给专业的咨询公司进行管理，以确保碳资产保值增值。

我国首单碳托管业务发生在 2014 年，在湖北碳排放权交易中心的斡旋下，湖北兴发化工集团将 100 万吨碳排放权委托给武汉钢实中新和武汉中新绿碳两家公司进行管理，并分别与其签署协议。

4. 碳信用卡

碳信用卡主要通过特殊的信用卡积分机制引导客户进行低碳消费。

例如 2010 年光大银行与北京绿色交易所共同发行"绿色零碳信用卡"，持卡人可以登录光大银行官网，在"信用卡地带"计算自己的碳足迹，还可以通过信用卡购买碳额度以赚取积分，当购买量达到 1 吨时就可以建立个人的"碳信用档案"，当购买量达到 5 吨时就可以获得北京绿色交易所颁发的认证证书。

因为对客户低碳消费的奖励太少，所以这种模式的实践效果并不理想。

零碳金融与技术发展研究

目前，发展绿色经济、推动经济发展实现低碳转型，已经成为各国经济发展的必然趋势。作为一个负责任的大国，我国将应对气候变化、实现绿色低碳发展作为实现可持续发展的重要战略。为了更好地践行这一战略，我国要坚持以科技创新为驱动力，推动产业结构、能源结构向着低碳、绿色的方向转型。

为此，我国政府制定了"1+N"政策体系，其中"1"指的是国务院印发的《关于完整准确全面贯彻新发展理念做好碳达峰碳中和工作的意见》，"N"包括各个重点领域和行业的政策措施与行动，这些重点领域与行业包括新能源、工业、交通、金融、税收、科技、循环经济等。

在经济绿色转型的过程中，技术发挥着至关重要的作用。对于企业来说，用低碳技术或者零碳技术取代传统的高碳技术，是降低碳排放、实现绿色发展的关键。基于持续不断的技术创新，我国新能源行业快速发展，"双碳"目标的提出更为新能源行业的发展注入了强大的推动力。2020年，我国提出一系列电力改革措施，强调要构建以新能源为主体的新型电力系统，促使新能源的潜力进一步释放。

在此形势下，新能源产业，尤其是新能源汽车产业将在未来几年实现快速发展。根据工业和信息化部发布的数据，2022年1～8月，我国新能源汽车产量达397万辆，销售量达386万辆，市场占有率达到了22.9%，远超预期。这一成绩在很大程度上得益于相关技术的进步，此外汽车的安全驾驶能力与驾驶员的舒适程度都有了大幅提升。

绿色技术创新还加速了能源、化工、钢铁等高碳行业的数字化转型进程，为这些行业的节能减排、绿色发展提供了强有力的支持。此外，技术创新还将带领我国进入全面电气化时代，在此形势下，电网、电力行业的其他基础设施、可再生能源等可以满足用电需求，保证电力稳定供应的产业与行业将成为下一个经济增长点。

在金融领域，为了保证国家关于绿色发展的各项决策能够落地，促进绿色金融更好地发展，充分发挥绿色金融在助力污染防治攻坚方面的作用，助力"双碳"目标实现，2022年6月中国银保监会印发《银行业保险业绿色金融指引》，要求各银行保险机构"从战略高度推进绿色金融，加大对绿色、低碳、循环经济的支持"。其实在 2021 年中国人民银行就开始重点研究制定转型金融标准，明确了对高碳行业与项目低碳转型的金融支持范围。

根据规定，在金融机构支持的绿色项目中，"纯绿"或"接近纯绿"的项目更受青睐，典型项目包括清洁能源、新能源汽车、用于电动汽车的电池等。但因为现有的绿色金融目录没有完全容纳转型类经济活动，所以钢铁、化工等高碳行业的低碳转型项目很难获得金融机构的支持。另外，高污染、高能耗的资源性的行业以及产能过剩的行业即便有强烈的低碳转型意愿，有成熟的技术路径支持，其授信也会被降低，同样很难获得金融支持。

目前，碳交易市场已经涵盖或即将涵盖发电、石化、化工、建材、钢铁、有色、造纸、航空八大高碳行业，老旧建筑、公路交通等高碳排放行业也正在逐步推进碳减排。如果这些高碳排放行业得不到充足的资金支持，可能会面临转型失败、不得不裁员或者宣布破产的局面，导致失业人员的数量激增，进而影响社会稳定，后果不堪设想。

为了避免这种情况发生，我国需要出台一些激励政策，例如：完善碳交易机制；政府出资设立转型基金，为高能耗企业的低碳转型提供资金支持；为新能源项目提供土地；为新能源项目提供财政补贴、税收优惠等。以此解决零碳金融一味地关注纯绿活动、忽略企业转型活动的问题，大力发展转型金融，形成绿色金融、转型金融、碳金融齐头并进的发展格局，创建一个多元化、充满活力、具有强流动性的绿色金融生态，以促进企业开展技术创新、推进低碳转型，为"双碳"目标的实现提供支持与助力。

我国碳金融市场存在的主要问题

我国不仅是二氧化碳排放大国，而且正处在工业化加速发展的重要阶段，对能源的需求很难在短时间内减少。想要在稳定经济发展的前提下实现节能减排，在十年内实现碳达峰，再用三十年的时间实现碳中和，我国必须尽快构建碳金融市场，充分发挥碳金融市场的激励约束作用，解决环境优化时空分布不平衡、成本收益存在时间周期的问题，同时要完善绿色金融的政策框架，建立健全相关的激励机制，为经济的绿色低碳转型、"双碳"目标的实现以及生态文明建设提供强有力的支持。

我国碳金融市场建设起步比较晚，在运行发展的过程中面临着很多问题，主要表现在以下几个方面，如图 12-2 所示。

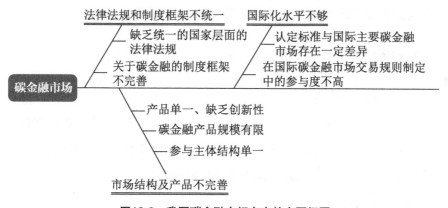

图12-2　我国碳金融市场存在的主要问题

1.法律法规和制度框架不统一

在碳金融领域，我国缺乏统一的国家层面的法律法规，现有的管理制度大多是行业主管部门制定的，没有对碳排放权的法律属性做出明确规定，没有明确碳排放权等环境权益是否可以作为抵押物进行贷款融资，没有为碳金融产品的创新与发展提供足够的法律支持，给碳金融市场的发展造成了一定的制约。

我国关于碳金融的制度框架不完善，具体表现在两个方面：

一方面，在政府规划了碳市场试点之后，各碳市场试点地区均根据《京都议定书》和《联合国气候变化框架公约》独立制定碳金融发展制度。在碳市场试点建设初期，这种独立的碳金融发展制度有利于各试点地区充分发挥各自的优势与潜力，但在全国碳市场建立之后，为了推动全国统一的碳市场发展，需要对这些独立的碳市场发展制度进行统筹，目前这一工作还未取得显著成效。

另一方面，我国碳排放权交易需要接受政府监管，但目前我国尚未出台统一的监管政策，各试点地区执行的是其自行制定的监管制度，导致各试点地区碳金融市场的准入门槛、交易标准、管理方法等存在很大差异，而且管理责任的边界不清晰、监管职责不明确、监管机制的效力比较弱，这些问题给碳金融市场的发展造成了一定的不良影响。

2. 市场结构及产品不完善

（1）参与主体结构单一

欧美等发达国家的碳金融市场的参与主体包括商业银行、碳资产管理公司与第三方中介机构等，而目前我国碳金融市场的参与主体比较单一，只有商业银行，导致我国碳金融市场的活跃度比较差。

（2）碳金融产品规模有限

央行研究局调查数据显示，目前全球碳金融市场每年的交易规模超过600亿美元，其中1/3的交易额是由碳期货等衍生品贡献的。我国各金融机构与交易所虽然在积极推进碳金融产品创新，但由于这些产品的上市时间比较短，交易规模在总交易规模中的占比比较小，与欧美等西方国家相比还存在很大差距。

（3）产品单一、缺乏创新性

欧美等发达国家的碳金融市场在建设之初就形成了现货期货一体化模

式，早在 2005 年，欧盟的碳金融市场就推出了碳期货产品，而我国碳金融市场起步比较晚，市场发展程度比较低，碳金融产品比较单一，目前主要有 CDM（Clean Development Mechanism，清洁发展机制）项目、绿色信贷、碳理财产品及碳基金产品等，亟须加大创新力度，丰富产品种类。

3. 国际化水平不够

（1）我国碳金融市场的认定标准与国际主要碳金融市场存在一定差异

我国碳金融市场建设起步比较晚，相关部门主要参考欧美等发达国家成熟的碳金融市场的先进经验，结合我国的实际情况制定碳金融市场的相关制度。在这个过程中，欧美等发达国家的碳金融市场制度有所更新，而我国没有及时跟进。

例如，2020 年 3 月，欧盟发布的《可持续金融分类方案》提出了"无重大损害"原则，即被纳入可持续金融支持范围的项目对环境、气候、生物多样性等都不能有重大损害。而在《绿色债券支持项目目录（2021 年版）》发布之前，我国绿色信贷标准都没有纳入这一原则。

诸如以上案例的内容还有很多，这些都给我国金融机构参与海外碳金融市场交易带来了一定的困难，导致交易成本比较高。

（2）我国在国际碳金融市场交易规则制定中的参与度不高

目前，全球碳金融市场的交易规则、碳金融产品的开发方式、碳交易衍生工具相关项目或规则主要是由发达国家制定的，碳金融产品交易主要发生在国外。我国在国际碳金融市场交易规则制定方面的话语权较弱，参与度也比较低，我国企业参与国际碳金融交易需要委托中介机构通过招标等方式进行，在碳金融交易中的议价能力比较弱，在交易过程中比较被动，很难与国际碳金融市场互通。

我国推动碳金融创新的对策建议

- 2019 年 9 月 23 日，联合国组织召开气候行动峰会，会上有 65 个国家和地区的主要经济体承诺在 2050 年前实现温室气体净零排放；

- 2021 年 6 月 8 日，国际能源署发布《全球能源行业 2050 净零排放路线图》，并指出当前做出温室气体净零排放承诺的国家数量正在快速增长；

- 2022 年 6 月 20 日，中国国际发展知识中心发布的《全球发展报告》指出，截至 2022 年 5 月，已经提出和正在准备提出碳中和目标的国家数量达到了 127 个，覆盖全球 GDP 的 90%、总人口的 85%、碳排放总量的 88%。

碳市场催生了大量投资机会，也为企业提供了一种新的融资方式。2021 年 1 月，中国人民银行研究局在《央行研究：推动我国碳金融市场加快发展》一文中指出，截至 2019 年底，全球碳市场筹资总额超过 780 亿美元。

2011 年 10 月，国家发展改革委发布《关于开展碳排放权交易试点工作的通知》，正式在北京、天津、上海、重庆、深圳、广东、湖北等地区开展碳排放权交易试点工作。上海环境能源交易所数据显示，截至 2022 年 7 月 13 日，我国碳市场一年累计成交量高达 1.94 亿吨，成交额在 84.9 亿元左右，我国碳市场已成为全球最大的碳交易市场。为降低碳排放，加快实现"双碳"目标的速度，我国需要加快完善全国碳排放交易市场建设，创新绿色技术和绿色发展模式。

现阶段，我国还需大力推动碳市场建设，对现有的监管制度、法律法规、交易体系、信息披露制度、激励约束机制等进行完善，并创新碳金融产品，开发碳指数、碳保险、碳期货等交易工具和碳债券、碳基金、碳质押等融资工具，同时也要完善碳定价机制，充分发挥碳市场的有效定价功能，进一步加大碳金融创新力度。除此之外，我国还应借助建立健全碳定价交易体系、完善价格调控机制、设置碳配额预留机制等手段来提升碳交易方式的灵活性，提高碳交易效率，进而推动产业的绿色低碳转型，加快绿色金融发展速度。

为了帮助企业和金融机构提升碳交易效率、碳金融产品定价能力、风险防范能力以及在国际碳金融市场中的参与度，我国应加强对国际碳市场交易价格的变化趋势、波动情况和影响因素的分析，并充分利用大数据、云计算、互联网、区块链等新兴技术进行信息披露、交易定价、投资决策以及投后管理，进一步探索气候投融资发展模式，创新气候投融资工具，为个人投资者、小微企业和社区家庭的绿色低碳投融资提供方便。

在"双碳"目标下，我国必须加快建设全国统一的碳排放权交易市场，建立健全企业碳排放信息披露制度，大力推进应对气候变化的全球治理工作，抓住碳减排的历史机遇，推动绿色建筑、可再生能源、新能源汽车、碳捕集利用与封存（Carbon Capture，Utilization and Storage，CCUS）等技术的深入应用，进而促进绿色金融发展。

对金融机构来说，则应该在国家战略的引领下不断优化资产配置方案，提高应对环境变化和气候变化的能力以及碳资产管理能力，从而为控排企业提供优质的碳资产管理服务。与此同时，也要加强区域金融合作，在"一带一路"沿线国家和地区建立碳市场链接，并大量培养多元化、专业化的投资者，为碳金融发展提供资金层面的支持。

| 第四部分 | **可持续金融探索与实践**

第13章

可持续金融：驱动经济社会绿色转型

绿色金融与社会可持续发展

随着世界格局的不断变化和科技水平的迅速发展，经济、社会、环境等各个领域的全球性挑战不断涌现，环境污染、资源枯竭等问题严重危害着人们的健康、影响着人们的生活，让人类在享受科技带来的便捷的同时也遇到了前所未有的危机。

为确保人类社会发展的可持续性，1987年2月，第八届世界环境与发展委员会在日本东京召开，会议通过了题为"我们共同的未来"的报告，该报告提出"可持续发展是指既能满足当代人的需要，又不对后代人满足其需要的能力构成危害的发展"。随着人与自然和谐相处的观念渐入人心，全球各国逐渐认识到可持续发展的重要性，在面对人口、环境、资源等问题时常常将可持续发展放在重要战略位置。

随着可持续发展的层层推进，缺少资本注入的问题逐渐暴露出来。近年来，联合国不断加强对可持续发展领域的资本投入情况的重视，并对实现2030年可持续发展目标所需的资本进行估算，具体来说，所需的全球单位年投入资金为5万亿～7万亿美元，其中发达国家每年需要0.5万亿～3.7万亿美元，发展中国家每年需要3.3万亿～4.5万亿美元。

2017 年，联合国社会影响力基金会（UN Social Influence Foundation，UNSIF）更名为联合国可持续发展目标影响力融资委员会（Sustainable Development Goals Influence Foundation，SDGIF）。2017 年 9 月，第 72 届联合国大会在纽约的联合国总部拉开帷幕，会议期间，联合国可持续发展目标影响力融资委员会与 9 所大学共同发起可持续发展目标影响力融资研究项目。

2019 年 9 月，第 74 届联合国大会在美国纽约的联合国总部召开，联合国秘书长安东尼奥·古特雷斯在参会时发布《达成可持续发展目标的融资路线图》，为全球各国以金融赋能可持续发展提供指导。2019 年 10 月，其又倡导成立联合国全球可持续发展投资者联盟（Global Investors for Sustainable Development，GISD），进一步扩大可持续发展的投融资规模。

随着可持续发展投融资制度和体系的逐渐完善，各国政府陆续推出各种可持续发展投融资多边合作平台，为可持续发展相关的投融资活动提供支撑。为增强可持续金融在世界范围内的影响力，2019 年 10 月，欧盟与中国、加拿大、印度、肯尼亚、阿根廷等国家相关机构在国际货币基金组织与世界银行年度会议上共同启动"可持续国际金融平台"（International Platform for Sustainable Finance，IPSF），统筹可持续金融分类方法、披露手段等，进一步加强国际合作，推动全球可持续金融的发展。

作为 2016 年 G20 主席国，我国将绿色金融引入 G20 当中，提出建立 G20 绿色金融研究小组，大力推动绿色金融快速发展。2018 年，G20 绿色金融研究小组改名为可持续金融研究小组，继续推进对可持续金融的研究，推动形成发展绿色金融的国际共识。2021 年 4 月，美国华盛顿召开 G20 财长和央行行长会议，该会议对未来的可持续金融发展进行了规划，一方面，要针对可持续金融的中长期发展需求设计 G20 可持续金融路线图；另一方面，要将完善可持续发展信息披露相关制度、协调绿色分类标准等方法和工具以及促进多边开发机构支持实现《巴黎协定》目标等作为重点工作。

中国人民银行、美国财政部、G20 成员、国际组织和私人部门在经过协商后基本确定了 G20 可持续金融路线图的重点领域。2021 年 7 月，G20 轮值主席国印度尼西亚在巴厘岛主持召开 G20 财长和央行行长会议，各 G20 成员纷纷对 G20 可持续金融路线图表示认可。

2021 年 10 月，在美国华盛顿召开的 G20 集团财长和央行行长会议中，中国人民银行提出"G20 应发挥协调作用，提高可持续金融分类标准、ESG 评级方法和气候信息披露标准的可比性、兼容性和透明度，促进国际绿色金融市场协调发展，更好支持低碳转型"。

可持续金融的概念及发展脉络

可持续金融是金融行业在推进可持续发展过程中的产物。具体来看，可持续金融可被拆解为可持续发展和金融两部分。其中，可持续发展是指经济、社会、资源和环境的可持续发展；金融是一种通过控制资金流向来提高资源配置合理性的经济手段。

除此之外，根据 G20 集团财长和央行行长会议上制定的《G20 可持续金融路线图》，可持续金融还能够加快实现《2030 年可持续发展议程》和《巴黎协定》中确立的各项目标。由此可见，可持续金融是一种建立在推动实现人类可持续发展目标基础上的全新的金融体系。

1. 可持续金融的概念与内涵

可持续金融与传统金融之间存在许多不同之处。在传统金融体系当中，资本是经济活动的核心，西方市场经济的经典经济学理论是经济活动的理论基础，利益最大化是经济活动的目标，经济价值是经济活动的价值评价标准；在可持续金融体系中，经济活动的目标由利益最大化变为人类可持续发展，经济活动的价值评价标准在经济价值的基础上增添了社会价值和环境价值。

具体来说，可持续金融的概念与内涵主要体现在以下几个方面，如图 13-1 所示。

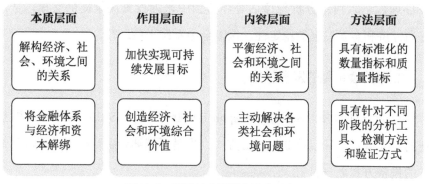

本质层面	作用层面	内容层面	方法层面
解构经济、社会、环境之间的关系	加快实现可持续发展目标	平衡经济、社会和环境之间的关系	具有标准化的数量指标和质量指标
将金融体系与经济和资本解绑	创造经济、社会和环境综合价值	主动解决各类社会和环境问题	具有针对不同阶段的分析工具、检测方法和验证方式

图13-1 可持续金融的概念与内涵

①在本质层面，可持续金融能够解构经济、社会、环境之间的关系，并将三者纳入金融决策当中，同时将金融体系与经济和资本解绑，推动金融成为经济、社会和环境可持续发展的支撑。

②在作用层面，可持续金融可以通过合理配置资金来加快实现可持续发展目标，推动经济主体充分释放价值创造活力，进而创造经济、社会和环境综合价值。

③在内容层面，可持续金融可以平衡经济、社会和环境之间的关系，推动三者实现可持续发展，因此，绿色金融、惠普金融、蓝色金融、ESG投资等各种对社会和环境具有正外部效应的金融服务均可归属于可持续金融的范畴，可持续金融不仅可以通过负面清单监管来防范金融风险，也能够主动解决各类社会和环境问题。

④在方法层面，可持续金融具有标准化的数量指标和质量指标以及针对不同阶段的分析工具、检测方法和验证方式，政府、金融机构和社会组

织可以利用这些方法和指标对各项经济活动进行分析和评价。

从概念上来看，可持续金融主要有两项作用：其一，可持续金融能够以可持续发展需求和应对气候变化需求为依据重新调配金融资源，进一步提高金融资源配置的合理性，在包容性增长的背景下为环境保护、资源节约、气候变化应对等活动提供资金支持；其二，可持续金融可以通过将ESG理念融入信用分析与评估等环节当中来为投资决策提供支撑，从而提高经济和金融发展的稳定性，保障金融系统平稳运行。

2. 可持续金融的发展脉络

社会责任投资（Socially Responsible Investing，SRI）是一种兼顾投资的社会效益和环境效益的投资方式，也是可持续金融范畴下发展时间最长的投资方式之一。

随着社会责任投资的长期发展，社会标准对投资行为的影响日益明显，非财务信息与投资分析过程之间的融合越来越紧密，ESG投资、影响力投资和可持续投资等投资方式逐渐出现在金融领域中，这些投资方式经过长期的发展和完善，共同作为可持续金融的重要组成部分建立起了可持续金融的概念体系。可持续金融发展脉络如表13-1所示。

表 13-1　可持续金融发展脉络

时间	主题	主要内容
1965 年	伦理投资	世界上第一只伦理基金在瑞典成立
1990 年	社会责任投资	全球著名的独立投资研究机构——KLD研究与分析有限公司发布世界第一个责任投资指数 Domni 400 Social Index
2004 年	ESG 原则	联合国环境规划署于 2004 年提出 ESG 原则
2005 年	普惠金融体系	联合国首次提出普惠金融体系的概念，旨在为尚未获得有效金融服务的群体提供可持续的金融服务，解决金融服务不均等、不普及问题

续表

时间	主题	主要内容
2006 年	责任投资原则	联合国责任投资原则组织❶发布了"责任投资原则"，并致力于推动各大投资机构在决策过程中纳入
2007 年	影响力投资	洛克菲勒基金会在其位于意大利北部的贝拉焦中心的一次会议上，正式提出"影响力投资"一词
2016 年	绿色金融	G20 杭州领导人峰会将"绿色金融"写入成果文件；中国人民银行等七部委联合印发《关于构建绿色金融体系的指导意见》
2017 年	可持续发展目标影响力融资（SDGIF）	联合国开发计划署成立可持续发展目标影响力融资委员会，发起可持续发展目标影响力融资研究
2018 年	可持续金融	中国人民银行牵头的 G20 可持续金融研究小组将可持续金融的相关建议写入《G20 布宜诺斯艾利斯峰会公报》
2021 年	可持续金融国际标准	国际标准化组织（ISO）正式发布《可持续金融 基本概念和关键倡议》（ISO/TR 32220）国际标准

可持续金融是合理统筹当前资源和未来资源的新型金融发展模式，也是推进全球实现可持续发展目标的重要环节，同时，可持续金融也与 ESG 投资、社会责任投资、影响力投资等多个金融概念有着密切关联。

推进我国可持续金融发展的建议

近年来，我国大力推进绿色金融快速发展，加强绿色金融产品创新和研发，并引导各方投资者参与绿色金融投融资，不断提高绿色金融产品和参与主体的多样性，为我国可持续金融的发展提供强有力的支撑，同时也为可持续金融相关领域的发展提供助力。

---

❶ 联合国责任投资原则组织：英文全称为 The United Nations-supported Principles for Responsible Investment，简称 UN PRI。

在实际操作方面，我国应在绿色可持续发展的基础上进一步深化国际金融合作，优化绿色金融相关制度和体系，推动绿色金融产品创新，根据具体发展情况和实际需求确定我国的可持续金融发展方向。

以新加坡为例，其将绿色金融作为经济转型的切入点，采取制订绿色债券资助计划、与国际金融公司签署谅解备忘录等多种手段推动经济实现绿色转型，进而驱动可持续金融快速发展。除此之外，新加坡还推出补贴政策来支持可持续金融发展，2019年2月，新加坡金管局开始补贴社会债券和可持续发展债券的认证费用，同年11月，新加坡金管局又宣布启动投资额高达20亿美元的"绿色投资计划"。

1. 完善可持续金融顶层制度设计

我国应在"十四五"规划和第二个百年奋斗目标的基础上推进经济社会可持续发展，找准符合我国发展情况和发展需求的可持续金融发展切入点，并从顶层制度设计入手制订可持续金融的长期发展规划，确立自上而下的可持续发展模式，进一步提高市场激励机制的科学性、合理性。

①从可持续金融相关政策方面来看，我国应以顶层设计为引领，以政府政策为指导，以市场经济的自我调节和产业配置为主导，充分利用宏观调控机制为可持续金融的发展提供政策层面的支撑。

②从可持续金融顶层设计的落实方面来看，我国应严格按照可持续金融体系顶层设计来对可持续金融市场进行调控，并加强对发展情况的预测和对发展成果的评估，同时也要支持可持续金融创新发展，提高金融资源配置的合理性。

2. 推动可持续金融相关产品创新

我国应大力支持可持续金融产品创新，重视可持续指数在金融领域的应用，并不断扩大可持续金融产品的应用范围。

具体来说，一方面，我国需要制定有助于可持续发展的货币政策，并充分利用货币政策为可持续金融产品的研发、服务等提供资金层面的支持；另一方面，我国需要加强绿色金融产品和服务的创新，重塑业务结构，进而推动我国可持续金融快速发展。

3. 推动可持续金融的数字化水平

我国应充分发挥金融科技对可持续金融发展的驱动作用，加强金融科技在农业、消费、小微企业等可持续金融领域的应用。

具体来说，金融科技的应用不仅有助于提高对可持续资产、可持续项目、可持续服务和可持续产品的识别效率和准确率，也能够高效采集环境效益数据，并实现对数据的溯源、处理和分析，推进金融资产交易平台建设。与此同时，金融科技还能够在金融监管、企业碳中和、系统性气候风险分析、绿色金融市场机制建设、绿色投融资金融产品和创新服务等方面发挥作用，对各个应用领域的解决方案进行优化和补充。

除此之外，我国还应利用金融科技提高可持续金融在信息披露、考核评估等各个监管环节的数字化程度，为金融监管部门的工作提供便利。

4. 加快激励政策的制定和实施

我国应制定并实施可持续金融发展激励政策，完善相关奖罚机制，通过使用多样化的金融工具和加大政策支持力度等多种方式促进可持续金融快速发展。

现阶段，在我国已发布的各项可持续金融政策中，针对限制污染性投资的金融政策较多，但针对节能环保和清洁能源等方面的投资激励性政策相对匮乏，因此，我国应完善可持续金融政策体系，制定并实施更多具有激励作用的可持续金融政策，通过绿色优惠贷款、绿色金融债券的贴息、可持续金融产品增信、简化环保企业融资的审批程序等方式降低绿色企业的融资难度，减少企业在绿色环保融资环节的支出，增加绿色可持续投融资渠道，从而达到驱动可持续金融快速发展的目的。

摩根士丹利的“可持续投资”理念

国际金融服务公司摩根士丹利提出“可持续投资”的概念，积极推进可持续发展方面的理论研究和业务实践，并将 ESG 因素纳入投资流程中，制定有效的长期策略。

为实现可持续发展，摩根士丹利针对商业模型、投资评估流程和人类发展前途分别确立了三项战略目标：

- 其一，构建具有高抗压能力且能够为全球金融系统发展服务的可持续商业模型；
- 其二，打造嵌入式的可持续投资评估流程；
- 其三，利用时间、人才和资源助力人类实现可持续发展。

不仅如此，这三项战略目标还要覆盖摩根士丹利的各个部门的全部业务。

随着可持续发展进程不断推进，摩根士丹利的三项战略目标越来越深入人心，也创造了巨大的价值。截至 2020 年末，摩根大通资产与财富管理板块下的客户总资产共 3.65 万亿美元。

第14章
全球可持续金融的实践与启示

构建可持续金融的政策体系

起源于 20 世纪 60 年代的现代社会责任投资已经经过了长期发展和反复实践，目前，社会责任投资在海外蓬勃发展，投资规模不断扩大，进而推动可持续金融快速发展。近年来，可持续金融逐渐成为西方各国金融领域发展的主要方向，我国也应加强学习可持续金融方面的国际经验，加快发展可持续金融的步伐。

从发展历程来看，可持续金融起源于自下而上的社会责任投资；从发展现状来看，目前各个西方发达国家在推进可持续金融发展的过程中选择的却是自上而下的发展模式。

近年来，可持续金融的国际影响力越来越大，西方发达国家纷纷出台相关政策促进可持续金融发展。欧盟积极制定可持续金融发展战略，2016年，欧盟委员会成立高级别专家组和技术专家组为制定可持续金融发展政策提供指导，并构建"自上而下"的可持续金融发展体系，同时，欧洲银行管理局（European Banking Authority，EBA）、欧洲证券和市场管理局（European Securities and Markets Authority，ESMA）、欧洲保险和职业养老金管理局（European Insurance and Occupational Pensions Authority，

EIOPA）也共同推进政策制定和体系构建工作。2020年3月，欧盟发布《可持续金融分类方案》对转型金融类别和相关标准进行明确；2021年7月，欧盟公布《绿色债券标准》，对绿色债券标准进行进一步规范，以便充分利用顶层设计和相关政策对可持续金融的发展进行引领、指导和规范。

除欧盟外，英国、加拿大、澳大利亚等多个国家也积极采取相关措施为可持续金融发展提供政策保障，自上而下推动可持续金融发展。其中，英国组建了绿色金融专家组，并发布《绿色贷款原则》等政策文件，对可持续金融相关标准进行补充和完善；加拿大和澳大利亚也分别组建了可持续金融专家组和可持续金融倡议组织来支持可持续金融快速发展。除此之外，我国也利用自上而下的可持续金融发展模式提高了我国绿色金融在国际上的影响力和竞争力。

完善可持续金融的分类标准

在可持续金融领域，欧盟积极构建以可持续投资和可持续发展为中心的金融体系，现阶段其发展水平已处于世界领先位置。2019年12月，欧洲银行管理局发布《可持续金融行动计划》；2020年2月，欧洲证券和市场管理局发布《可持续金融战略》，大力支持可持续金融发展，同时联合欧洲保险和职业养老金管理局共同制定《可持续金融行动计划》，为欧洲的可持续金融发展提供政策指引。

2019年6月，欧盟委员会技术专家组发布《欧盟可持续金融分类方案》，该方案将应对气候变化作为首要目标，对各行各业的各项经济活动的技术标准进行了规范，推动可持续金融的发展走向制度化、标准化，进一步提高可持续金融的规范性。不仅如此，该方案还要求相关经济活动要有助于实现以下六大环境目标——气候变化减缓、气候变化适应、海洋与水资源的可持续利用和保护、循环经济、废弃物防治和回收、污染防治和保护健康的生态系统，从而为欧盟推动可持续金融发展提供制度保障。

为达成可持续发展目标，联合国可持续发展目标影响力融资（Sustainable Development Goal Impact Finance，SDGIF）委员会积极完善相关评价指标体系，并不断加强成果应用，同时对外公布 SDGIF 国别产业目录和可持续发展目标投资者国别地图，为可持续金融的发展提供更多应用工具。

加强信息披露与报送制度建设

信息披露是投资者和社会公众获取企业信息的重要方式，也是企业和金融机构与社会公众沟通的渠道。强化信息披露既有助于投资人把握投资风险，也有助于银行等金融机构开展气候风险宏观情景压力测试，进而规范市场发展。

发达国家在环境信息披露和报送方面采取的措施大致可分为以下三步。

- 建立与环境有关的金融风险信息披露工作组，并融合工作组和非金融机构的报告指令，构建包含更多信息的风险金融信息披露工作组框架；
- 测试参与经济活动的私人部门所采用的信息披露方法是否符合金融风险信息披露工作组的要求以及其他 ESG 信息披露要求，并找出需要进一步优化的部分；
- 根据《可持续金融信息披露条例》等相关政策文件和非金融机构信息披露标准调动各国对气候金融风险信息披露的积极性。

社会各界的广泛参与

目前，一些国际非政府组织（Non-Governmental Organizations，NGO）也在积极引导和推动可持续金融的发展。2007 年，洛克菲勒基金会提出"影响力投资"概念，并建立全球影响力投资网络（Global Impact Investing Network，GIIN），将"影响力投资"定义为"主动创造积极的、可衡量的社会和环境影响以及财务回报的投资行为"。

与此同时，许多跨国公司也纷纷组建公益基金会，在资金层面为可持续金融的发展提供支持。与传统的慈善基金会相比，这类公益基金会的管理理念和管理方式更具商业化特征，管理人员也更重视创造价值和提高投入产出比，力求最大限度地发挥每一笔资金在可持续发展方面的价值。由此可见，各个公益组织也可以运用商业化的管理思维来进行管理和运营，革新公益项目的运作模式和管理体系。

具体来说，公益基金会可以将商业投资中的管理思维和运作方式运用到公益项目当中，并开展可行性测试，从而最大限度地优化资助方式和组织运营模式，加强对项目落地实施环节的管理，将公益项目成效的评估和预测贯穿项目运行的每个环节，提高公益项目的商业性，推动公益项目从公益慈善活动升级为公益投资活动。由此可见，商业投资理念与公益项目的融合为可持续发展投融资提供了新的解决方案。

除政府和金融机构外，大学、公益慈善机构和研究机构等社会组织也积极推动可持续金融发展。目前可持续发展领域已有许多公益慈善基金会参与到影响力投资的发展当中，其中，部分公益慈善基金会已成为全球影响力投资领域享誉盛名的领军机构。

为加强对绿色及可持续金融的研究，促进各高校在可持续金融领域的交流，培养更多高质量的学术人才，加快实现绿色可持续发展目标，2017年，清华大学、中央财经大学、牛津大学、剑桥大学、耶鲁大学、哥伦比亚大学等十四所高校共同创建国际可持续金融研究联盟（Global Research Alliance for Sustainable Finance and Investment，GRASFI）。2018 年 9 月 5 ～ 7 日，国际可持续金融研究联盟在荷兰马斯特里赫特大学召开首次年会，来自全球四十多所高校和资产管理公司的专家和学者共同探讨经济社会的绿色可持续发展问题。

随着消费观念和社会舆论的变化，资本市场的竞争日益激烈，政府相关部门也逐步完善市场监管体系和制度，商业领域的企业社会责任对金融领域的影响越来越大，可持续金融迎来了在资本市场快速发展的契机，环境、社会和公司治理投资理念开始成为国际资本市场中的主流投资理念。

第五部分 | ESG 投资理论与实践

第 15 章
ESG 投资：环境、社会和公司治理

ESG 投资理念的起源与发展

ESG 是三个英文单词的缩写，即 Environmental（环境）、Social（社会）、Governance（公司治理），倡导投资人与投资机构在制定投资决策时要对环境、社会、公司治理三大要素进行充分考虑，这些因素不会对投资回报率产生直接影响，但会对投资活动、生态环境以及整个社会的发展轨迹造成深远影响。

在 ESG 投资理念进入人们视野之前，社会责任投资（SRI）比较活跃。关于 SRI 的起源，目前一种主流观点认为 SRI 的诞生与早期的宗教活动有关。

18 世纪，美国卫理公会教徒基于宗教教义拒绝投资与酒精、烟草、赌博、武器有关的业务，形成了一种排除性投资准则，成为 SRI 的雏形；19 世纪末，贵格派教徒创建了一个资产管理机构——Quakers Friends Fiduciary，明确拒绝投资涉及武器、烟草和酒精等业务的公司；20 世纪 60 ～ 70 年代，随着环境保护、反对战争、呼吁和平等理念开始流行，部分投资者开始在投资活动中践行其认为正确的与社会责任有关的投资理念。至此，SRI 开始脱离宗教教义，转变为以社会意识形态为基础的真正意义上的社会责任投资。

2004 年，联合国环境规划署对当时受到广泛关注的环境议题、社会议题与公司治理议题进行整合，正式提出 ESG 原则。ESG 投资又被称为可持续投资、影响力投资、道德投资等，可以从以下三个层面进行理解。

- 从环境层面看，ESG 投资关注气候变化、资源消耗、环境污染、森林砍伐、废弃物污染等问题；
- 从社会层面看，ESG 投资关注童工、现代奴役、工作条件、员工关系等问题；
- 从公司治理层面看，ESG 关注贿赂与腐败、董事会结构、高管薪酬、税务策略等问题。

2006 年，在当时的联合国秘书长的邀请下，一批世界领先的金融机构齐聚一堂共同制定了责任投资原则（Principles for Responsible Investment，PRI），并成立了联合国责任投资原则组织（UN PRI）。UN PRI 对责任投资做出了明确定义，并明确了六项投资原则，如表 15-1 所示。

表 15-1　UN PRI 的六项原则

六项原则	具体内容
原则 1	将 ESG 问题纳入投资、分析和决策过程
原则 2	成为积极的资产所有者，将 ESG 问题纳入所有权政策和实践中
原则 3	寻求所投资的实体对 ESG 问题进行适当披露
原则 4	在投资行业内促进对这些原则的接受和实施
原则 5	共同努力，提高原则的实施效力
原则 6	报告原则的实施进展情况

在 UN PRI 的推动下，ESG 投资理念开始风靡全球。2006 年 4 月，纽约证券交易所发布 UN PRI 制定的六项投资原则，为投资机构引入 ESG

投资理念指导投资实践提供了可能。在各国金融机构的参与下，ESG 投资的产品种类不断丰富，评价标准愈发完善，整体呈现出三个特点：

- 投资机构在进行 ESG 投资时会综合使用多种 ESG 投资策略，用其代替负面筛选，保证投资策略的可持续性；
- 投资机构将 ESG 因素纳入 Smart Beta 投资策略，以便持续不断地创造额外收益，规避经济下行风险；
- 投资机构在制定投资决策时往往将气候风险因素作为关注重点。

ESG 投资流程与主要策略

目前，无论国内还是国外，ESG 投资的主要参与者是一些对公众舆论比较敏感的公众机构或者准公众机构，包括公共养老基金会、公募基金会、大学校友捐赠基金会和慈善基金会等，除此之外，只有极少数的私募资产管理机构为了吸引上述公众机构或者准公众机构的投资而参与其中。

这些机构开展 ESG 投资通常要经历三个阶段：

- 尽职调查阶段：投资机构利用 ESG 因子评估框架体系对投资标的进行评估，根据评估结果决定是否投资；
- 合同制定阶段：投资机构在与被投资公司协商制定合同时，要明确约定被投资公司将 ESG 因素纳入公司运营管理全过程，并定期对执行结果进行报告；
- 投后管理阶段：投资机构要对被投资公司执行 ESG 的情况进行持续监控，发现问题及时沟通。

在上述三个环节，合同制定环节非常重要，投资机构与被投资企业要协商是在基金合同还是附属协议中体现 ESG 投资原则，要考虑如何设置 ESG 投资条款，这些因素都会对 ESG 投资原则的落地产生直接影响。

以投资者投资私募股权、创业基金为例，常见的 ESG 条款类型主要包括：

- 要求管理机构承诺执行 ESG 标准与政策；
- 投资者可能会对基金投资提出额外的限制要求，或者要求获得不参与特定投资的选择权；
- 要求管理机构在制定投资决策时对 ESG 因素进行综合考虑；
- 要求管理机构定期提交 ESG 投资报告或者 ESG 重大事件报告。

需要注意的是，虽然目前国内外还没有明确规定要在私募基金的基金文件中体现 ESG 条款，但 UN PRI 签约的基金管理机构已经开始推行这一做法，而且逐渐形成了一种趋势。UN PRI 曾对其签约的基金管理机构的责任投资情况做过一次调查，在这些被调查的基金管理机构中，有近九成的机构在基金募集说明书（Private Placement Memorandum，PPM）中体现了 ESG 政策，并且有近七成的基金文件注明了 ESG 条款。

2012 年，全球可持续投资联盟（Global Sustainable Investment Alliance，GSIA）发布首期《全球可持续投资回顾》，首次对 ESG 投资策略进行分类，这种分类方式延续至今，成为世界各国公认的 ESG 投资策略分类标准。根据 GISA 的观点，ESG 有七大投资策略，具体如图 15-1 所示。

- **ESG 整合**：投资人或投资机构在进行财务分析时对 ESG 因素进行考虑，分析 ESG 可能给公司财务造成的消极影响与积极影响，结合这些影响制定投资决策。

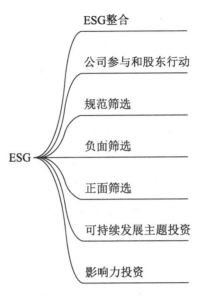

图15-1　ESG的七大投资策略

- **公司参与和股东行动**：股东利用其在公司的影响力，对公司遵循 ESG 理念开展的投资活动给予大力支持。

- **规范筛选**：投资人或投资机构按照国际机构（包括联合国、国际劳工组织、经合组织等）制定的 ESG 投资标准与规范筛选投资项目。

- **负面筛选**：投资人或投资机构在选择投资项目时按照特定的 ESG 准则将一些特定行业、公司与项目剔除出去。

- **正面筛选**：投资人或投资机构选择符合 ESG 标准的行业、公司与项目进行投资。

- **可持续发展主题投资**：投资人或投资机构优先选择有助于解决环境问题与社会问题、有利于实现可持续发展的项目进行投资，例如绿色能源、绿色建筑、可持续农业、生物多样性等。

- **影响力投资**：投资人或投资机构选择有助于解决社会问题或环境问题的特定项目进行投资，例如社区投资、创业基金、小额信贷等，在获得投资回报的同时对社会、环境产生一定的积极影响。

国外 ESG 投资的发展现状

自 ESG 投资理念被提出以来，在 UN PRI 的推动下，各国开始积极践行这一投资理念。根据全球可持续投资联盟发布的数据，2020 年全球 ESG 投资规模逾 35 万亿美元，占全球总资产管理规模的 1/3。如果按照年均 15% 的增长速度来计算，到 2025 年 ESG 资产规模将突破 50 万亿美元。同时，ESG 可持续投资的资产规模也在持续增长。

据 GSIA 统计，2018 ～ 2020 年，从 ESG 可持续投资资产规模来看，美国和欧洲遥遥领先，在全球可持续投资资产规模中的占比超过了 80%；从 ESG 可持续投资资产增长速度来看，加拿大增长最快，增长幅度超过了 48%，美国位居第二，日本位居第三，欧洲则呈现出下降趋势。

下面以美国、欧洲、日本为代表对国外 ESG 投资的发展情况进行具体分析。

1. 美国 ESG 投资现状

目前，在全球范围内，美国已经成为 ESG 投资规模最大的国家。据 GSIA 统计，2020 年，美国可持续投资资产规模达到 17.1 万亿美元，占美国金融机构资产管理规模的 33%，占全球可持续投资资产规模的 48%。据 UN PRI 发布的数据，截止到 2022 年 6 月 30 日，美国共有 1003 家机构签署 PRI，相较于 2021 年增长了 42 家。

在投资策略的选择方面，美国各投资机构比较倾向于可持续发展主题投资、影响力投资、社区投资、正面筛选和 ESG 整合。投资资金主要来源于公募资金与保险资金，根据美国可持续和责任投资论坛发布的报告，在用于 ESG 投资的资金中，公募资金占比大约为 54%，保险资金占比大约为 36%。在投资方向方面，美国 ESG 投资更关注社会问题，气候变化、碳排放等领域的投资项目比较多。

随着政府换届，美国对可持续投资的监管政策发生了巨大的改变。2017～2020年，美国政府采取了一系列措施限制可持续投资。2021年，政府换届之后，美国政府废除之前的限制政策，并发布了很多鼓励可持续投资的措施，使得可持续投资的热度回升，吸引了很多投资者关注。

2. 欧洲地区 ESG 投资现状

据 GSIA 统计，2020年欧洲地区 ESG 投资规模为12万亿美元，虽然在全球可持续投资资产规模中的占比（34%）仅次于美国，位居全球第二，但总体投资规模相比于2018年（14万亿美元）有所下降。因为在那段时间，欧洲正在修订可持续投资的定义，所以可能出现计算偏差。如果不考虑这一因素，欧洲地区的 ESG 投资规模依然处在领先地位。

在投资策略选择方面，欧洲各国的投资机构与美国的投资机构表现出很大的不同。受欧盟发布的《可持续金融披露条例》规定的"将可持续发展风险纳入投资"的影响，欧洲各国的投资机构比较倾向于规范筛选、负面筛选以及 ESG 整合策略。在 ESG 资产配置方面，根据欧洲可持续投资论坛发布的数据，欧洲地区用于 ESG 投资的资金有三个主要来源，分别是股权类产品（占比46.5%）、债券类产品（占比40%）、储蓄类 ESG 金融产品（占比不足3%）。

欧洲地区 ESG 投资的发展也深受政策影响，其中影响最大的就是2018年欧盟发布的可持续金融行动计划以及从2021年3月10日起开始实施的《可持续金融披露条例》（Sustainable Finance Disclosure Regulation，SFDR）。SFDR 不仅重新对可持续投资进行了定义，而且要求投资经理将可持续风险纳入投资，从而将 GSIA 规定的负面筛选、规范筛选、ESG 整合等 ESG 投资策略纳入投资金融产品的预期流程。

2020年7月，欧盟"绿色金融"纲领性监管框架《欧盟可持续金融分类法》正式生效，进一步强化了投资者、公司与发行人的绿色金融意识与理念，刺激更多资本流向绿色低碳领域，为欧洲各国实现碳中和奠定了良好的基础。此外，欧盟还发布了《企业可持续发展报告指令》，要求大型企业定期发布社会和环境影响报告。随着鼓励 ESG 投资的政策越来越多，欧洲地区的 ESG 投资呈现出不错的发展趋势。

3. 日本 ESG 投资现状

根据 UN PRI 发布的数据，2020 年，日本 ESG 投资规模大约为 2.87 万亿美元，在全球 ESG 投资资产规模中的占比大约为 8%，相较于 2018 年增长了 34%，增长率仅次于加拿大和美国。另外，2020 ～ 2021 年，日本有 102 家机构签署了 PRI，同比增长 18.6%。截止到 2022 年 6 月 30 日，日本签署 PRI 的机构达到了 115 家。

在投资策略选择方面，日本的投资机构比较倾向于公司参与和股东行动以及 ESG 整合。从整体发展趋势来看，与 2019 年相比，可持续主题投资策略吸纳的资金规模增长最快，涨幅高达 131.3%，而公司参与和股东行动策略所吸纳的资金规模则减少了 12.6%。在 ESG 投资资产方面，债券类产品与股票类产品是 ESG 投资资金的两个主要来源，二者的占比分别为 50.3% 和 47.7%。另外，从投资机构投资的 ESG 项目来看，在环境方面，投资者比较关注气候变化与环境问题；在社会方面，投资者比较关注工作环境、员工培养等问题；在公司治理方面，投资者比较关注董事会结构、公司的上市政策、股权设计等问题。

为了支持 ESG 投资发展，日本政府发布了《气候转型融资基本准则》，进一步明确了 ESG 投资的地位。另外，2021 年，东京证券交易所对企业治理条例等文件进行了修订，新增了一些与 ESG 投资有关的内容，包括气候变化、劳动力待遇等。

我国 ESG 投资的发展现状

相较于欧美等发达国家，我国 ESG 投资开始的时间比较晚。但在国家政策的支持下，ESG 投资逐渐成为我国资产管理行业新兴的投资潮流，ESG 主题基金受到了投资者的广泛关注，ESG 投资的参与者越来越多，产品类型越来越丰富，投资规模迅速壮大。

1. 国内 ESG 投资的发展趋势

具体来看，我国 ESG 投资主要呈现出以下两大发展趋势。

（1）ESG 投资理念不断深化

在我国签署《巴黎协定》之后，国内的投资者开始关注可持续发展项目。之后，随着"双碳"目标的提出，为了保证投资项目的可持续性，投资机构在审核投资项目时开始对碳排放规模进行考量。近几年，政府相继出台了很多与可持续发展有关的政策，对 ESG 投资市场的发展产生了强有力的推动作用。

（2）ESG 投资发展速度较快，规模持续扩大

2012 年，我国开始参与 UN PRI，到 2017 年只有不足 10 家机构签约了 PRI。2017～2018 年，我国签约 PRI 的机构突然增多。2020～2021 年，我国签约 PRI 的机构数量增长了 46%，增长速度仅次于拉丁美洲。根据 UN PRI 发布的数据，截止到 2022 年 6 月 30 日，我国签约 PRI 的机构达到了 103 家，其中资产管理者、资产所有者、服务提供商分别为 75 家、4 家和 24 家。

2. 国内 ESG 投资产品

2021 年 12 月 7 日，在第九届中国责任投资论坛年会上，商道融绿发布了《中国责任投资年度报告 2021》，将中国主要责任投资划分为三种类

型，分别是绿色信贷、可持续证券投资、可持续股权投资。其中，可持续证券投资包括可持续证券投资基金、可持续债券、可持续理财产品，而可持续证券投资基金又包括 ESG 公募基金和 ESG 私募证券基金，可持续债券又包括绿色债券、可持续发展挂钩债券和社会债券；可持续股权投资包括 ESG 私募股权基金和绿色产业基金。

据商道融绿的统计，2021 年，我国可统计的绿色信贷余额为 14.78 万亿元，泛 ESG 公募证券基金规模为 5492.42 亿元，绿色债券发行总量为 16500 亿元，可持续发展挂钩债券发行规模为 311 亿元，社会债券发行规模为 9766.68 亿元，可持续理财产品发行规模为 1368 亿元，ESG 股权基金规模为 2000 亿元，绿色产业基金规模为 1176.61 亿元。另外，据 Wind 的统计，截止到 2022 年 6 月 30 日，我国泛 ESG 基金共有 140 只，基金资产净值大约为 2120 亿元。

3. 国内 ESG 投资存在的主要问题

国内 ESG 投资存在的主要问题体现为以下几点，如图 15-2 所示。

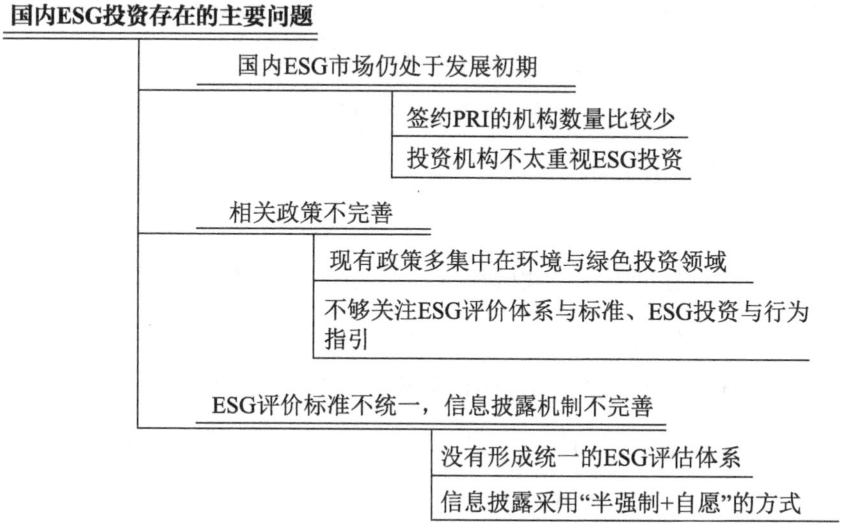

图15-2 国内ESG投资存在的主要问题

（1）国内 ESG 市场仍处于发展初期

虽然我国 ESG 投资发展速度很快，但仍处在发展初期，主要表现在两个方面：

● 虽然 ESG 投资增长速度比较快，但签约 PRI 的机构数量仍然比较少，泛 ESG 基金的数量不多，基金资产规模也比较小，与同期欧美等发达国家相比还存在很大差距；

● 国内投资机构不太重视 ESG 投资，虽然有超过九成的投资机构表示会关注 ESG 投资，但实际参与 ESG 投资的投资机构不足两成。

（2）相关政策不完善

为了鼓励 ESG 投资发展，我国证监会、香港金管局、港交所等部门与机构围绕企业 ESG 信息披露出台了很多政策与法规。但一套完整的 ESG 政策体系不仅包括 ESG 信息披露原则及指引，还应该包括企业 ESG 评价体系与标准、ESG 的投资与行为指引。而我国现有的政策多集中在环境与绿色投资领域，对 ESG 评价体系与标准、ESG 投资与行为指引的关注度不足，在一定程度上限制了 ESG 投资的发展。

（3）ESG 评价标准不统一，信息披露机制不完善

具体表现在两个方面：

● 在评价标准方面，我国还没有形成统一的 ESG 评估体系，所以一些大型投资机构创建了自己的评估体系，例如商道融绿的 ESG 评估体系、和讯的 CSR 评价体系、中证的 ESG 评价体系等，这些评估体系使用的指标与计算方法各不相同，对同一项目的评价结果也存在较大差异。

● 在信息披露机制方面，我国 ESG 信息披露采用的是"半强制＋自

愿"的方式。对于上市公司来说，ESG信息披露不仅不会带来直接的财务收益，而且要付出一定的成本，所以基本不愿意披露信息。

虽然我国ESG投资尚处在发展初期，而且面临着很多问题，但随着相关政策不断完善、ESG评估标准与信息披露机制日益健全，我国ESG投资必然会走向成熟，在解决我国经济转型发展所面临的各种问题方面发挥积极作用。

4. 我国ESG投资发展的对策建议

（1）金融机构要积极探索设立ESG主题基金，提高自身的影响力

因为目前我国ESG主题基金主要集中在环境保护领域，主要为经济的绿色低碳转型、碳减排、"双碳"目标的实现提供支持与助力，所以金融机构可以根据GSIA的投资策略，结合自身的实际情况，探索设立独具特色的ESG主题基金。

（2）建立完善的ESG信息披露机制，提高信息披露质量

相关部门与机构要围绕ESG信息披露出台更多法律法规，从多个层面、多个角度弥补信息披露制度的漏洞，提高国内企业主动披露ESG信息的意愿，保证披露信息的真实性与可信度。

（3）我国要持续深化ESG投资理念

目前，我国很多投资机构对ESG投资认知不足，对ESG投资理念的认同度与接受度都有待提高。但在"双碳"背景下，我国ESG投资规模必将不断扩大，投资机构必须进一步增强对ESG投资的认知，深化ESG投资理念，主动参与ESG投资。

第16章
实践启示：ESG 助推我国经济结构转型

ESG 投资与养老问题

目前，我国经济正处于从高速增长向高质量发展转型的关键期，亟须转变发展方式、优化经济结构，在这个过程中需要解决很多问题，比如：

- 老龄化程度日益严重，导致养老金缺口不断扩大，养老保险体系的偿付压力持续增加，同时老年人口的增加也会在一定程度上导致经济增长速度下降；
- 地区经济发展失衡，居民收入分配差距过大，导致社会不稳定因素增加，为此我国提出了到 2035 年实现"共同富裕"的目标；
- 气候问题愈发严峻，灾害性气候频发，严重威胁人们正常的生活与生产，为了积极应对气候问题，我国提出了"2030 年实现碳达峰，2060 年实现碳中和"的目标，需要尽快调整能源结构，推动经济发展方式向绿色、低碳的方向转变，对于我国来说，这是一项重大挑战。

推动经济结构转型的方法与工具有很多，ESG 就是其中之一。下面我们对 ESG 在解决老龄化、收入分配差距过大、气候变化等问题方面的实践进行具体分析。

第七次全国人口普查结果显示，我国 60 岁及以上人口 26402 万人，占全国总人口比重 18.70%，其中 65 岁及以上人口 19064 万人，占全国总人口比重 13.50%，人口老龄化程度进一步加深。与此同时，随着经济不断发展，老年人口对养老服务的要求不断提高，使得养老保险体系的偿付压力进一步加大。ESG 投资可以实现养老金的保值增值，提高养老保险体系的偿付能力，更好地满足老年人口不断提高的养老需求，有效应对老龄化问题。

1. 理论机制

ESG 投资对解决养老问题的意义主要表现为以下三点。

（1）ESG 投资相对稳健，可以帮助养老金规避投资风险

与传统投资要求被投资企业尽快实现利润最大化、完成上市不同的是，ESG 投资要求被投资企业承担更多社会责任，提高信息披露程度与水平。这样一来，ESG 投资就能获得更多企业信息，保证投资的科学性与安全性，最大限度地规避投资风险。

（2）ESG 投资可以帮助养老金筛选出可持续、具备长期投资价值的目标企业

ESG 投资在评价一家企业时不仅会对该企业进行财务分析，衡量该企业的短期盈利能力，而且会判断该企业的发展潜力、社会价值以及可持续发展能力，从而筛选出具有长期投资价值的企业，这一点非常契合养老金投资原则。

（3）ESG 投资可以帮助养老金规避社会性风险

养老金比较关注社会效用，可能会面临社会性风险，ESG 投资可以帮助养老金规避这些风险。气候灾害、收入差距过大等问题都有可能引发

社会混乱，给养老金投资带来较大的风险。ESG 投资在筛选目标企业时会考虑企业在社会责任、环境保护等方面的表现，帮助养老金投资规避上述社会风险，这一点是传统投资组合无法做到的。

2. 国际实践

为了鼓励养老基金开展 ESG 投资，很多国家出台了相关的政策与法规，要求养老金投资纳入 ESG 因子，典型代表包括韩国发布的《国民年金公团法》修正案、欧盟发布的《职业退休服务机构的活动及监管》等，均鼓励市场主体积极参与，并主动披露 ESG 议题的相关信息等。在政策的支持下，国外很多大型养老基金开始引入 ESG 投资理念，机构投资在全球可持续投资中占据了主导地位，以养老金为代表的长期投资者成为 ESG 投资的引领者。据 GSIA 的统计，截止到 2020 年，全球 89% 的养老机构表示将在养老金投资中纳入 ESG 因子。

挪威主权养老基金（Government Pension Fund Global, GPFG）是 ESG 投资理念的忠实践行者，其采取了多元化的投资策略开展 ESG 投资：一方面，GPFG 采取负面筛选策略，对目标企业在环境保护、伦理等方面的理念进行考核，将不符合 ESG 导向的企业剔除出去；另一方面，GPFG 采取可持续主题投资策略，重点考核目标企业在低碳能源与替代燃料、清洁能源和效率技术、自然资源管理等领域的业务布局，要求被投资企业的业务范围至少覆盖上述领域中的一个，而且业务占比不能小于 20%。

日本政府养老投资基金（Japanese Government Pension Investment Fund, GPIF）会将超过 80% 的资金委托外部管理人进行投资，所以在筛选外部管理人的过程中也融入了 ESG 投资理念，并为此设计了专门的考核标准，致力于筛选出拥有较强 ESG 投资理念的外部管理人，以保证养老金投资纳入 ESG 因子。

3. 国内实践

在国内，为了鼓励养老金开展 ESG 投资，政府相继出台了很多政策与文件。

2016 年，中国人民银行、财政部、国家发展改革委、环境保护部、银监会、证监会、保监会联合印发《关于构建绿色金融体系的指导意见》，提出"鼓励养老基金、保险资金等长期资金开展绿色投资，鼓励投资人发布绿色投资责任报告"。

2018 年，中国证券投资基金业协会发布《绿色投资指引（试行）》，明确提出"有条件的基金管理人可以采用系统的 ESG 投资方法，综合环境、社会、公司治理因素落实绿色投资""为境内外养老金、保险资金、社会公益基金及其他专业机构投资者提供受托管理服务的基金管理人，应当发挥负责任投资者的示范作用，积极建立符合绿色投资或 ESG 投资规范的长效机制"等要求。

这些政策文件对我国养老金开展 ESG 投资产生了积极的推动作用。

ESG 投资与收入分配问题

近年来，我国收入分配差距不断拉大，区域经济发展不平衡的问题愈发严峻，给社会稳定发展埋下了重大隐患。为了解决这些问题，政府开始尝试采取再分配与三次分配等措施，而 ESG 投资有望成为解决收入分配差距过大问题的一种新方式。

1. 理论机制

ESG 投资中的 S 代表 Social（社会），G 代表 Governance（治理），

要求企业主动承担社会责任、关注员工权利、改善劳动者的薪酬待遇等，可以从以下三个方面切入解决收入分配差距过大的问题。

（1）ESG 投资可以增加低收入群体的收入

ESG 的社会要素非常关注员工关系、工作条件、员工收入等问题，可以推动企业与员工建立合法的劳动关系，合理安排劳动时间，制定科学的工资标准与福利体系，增加低收入群体的收入，有效保护劳动者的合法权益。

（2）ESG 投资可以限制高收入群体的收入

ESG 的治理要素关注贿赂、腐败、高管薪酬、董事会结构等问题，要求被投资企业规范经营，加强公司治理，特别是对高管的监管，消除高管收受贿赂的行为，严厉打击这类群体的非法收入，保证一切收入的合法性。

（3）ESG 投资可以促使企业参与三次分配

ESG 投资关注社会福利，更倾向于投资愿意从事公益活动、慈善活动的企业，这些企业可以通过捐赠、志愿者服务等活动参与三次分配，将更多资金用于消除贫困、加强公共基础设施建设、提供普遍社会服务等领域，在一定程度上缓解收入分配差距。

2. 国际实践

ESG 投资关注劳动者的工作环境、薪资待遇等问题，可以有效增加低收入群体的收入。2011 年，联合国人权理事会通过的《联合国工商业与人权指导原则》提出国家要通过出台政策、进行立法等方式保护劳动者的合法权益，防止劳动者受到伤害；企业要履行尊重责任，主动消除可能对员工造成的不利影响；受到伤害的员工可以通过司法、行政等手段获得救济，并提出要在 ESG 投资中引入工资、就业歧视、强迫劳动等因素，以便更好地维护低收入群体的合法权益。

ESG 投资还可以约束企业高管的行为，消除腐败现象，从而限制高收入群体的收入。2016 年，UN PRI 在 ESG 投资中加入与高管薪酬有关的规定；

国际机构投资者也提倡在 ESG 投资中重点关注薪酬、腐败等因素。

此外，ESG 投资发展初期就非常关注慈善问题，将慈善捐赠与志愿者服务纳入企业的社会责任。例如德意志银行通过 ESG 投资参与为贫困人口进行小额捐赠、保证贫困人口受教育的权利、提高贫困人口的基本福利与医疗保障、推进基础设施建设等，还为特定的劳动群体提供职业技能培训，提高其就业能力等。

3. 国内实践

在国内，为了让 ESG 投资在解决收入分配问题方面发挥出最大效用，相关部门与机构相继发布了很多政策与文件。

2006 年，深圳证券交易所与上海证券交易所先后发布《上市公司社会责任指引》，要求上市公司保护职工的合法权益，积极参与社会保险、工资、福利、劳动安全卫生等体系的建设。

2008 年，中国建设银行委托兴业全球基金管理有限公司发布了国内第一只社会责任型公募基金——兴全社会责任股票型证券投资基金，在追求当期投资收益、实现长期资本增值的同时强调上市公司履行可持续发展、法律、道德等方面的责任，并决定将每年基金管理收入的 5% 用来发展公益事业。

2021 年 8 月，中央财经委员会第十次会议决定进一步深化分配制度改革，构建初次分配、再分配和三次分配协调配套的收入分配体系，以迈向共同富裕。

ESG 投资与气候变化问题

为了应对气候变化问题，我国于 2020 年提出"2030 年前实现碳达峰、2060 年前实现碳中和"的目标。ESG 投资的环境要素所关注的气候变化、资源消耗、废弃物、污染和砍伐森林等问题与"双碳"目标所关注的问题基本一致，所以 ESG 投资可以在解决气候变化问题、实现"双碳"目标方面发挥积极影响。

1. 理论机制

ESG 投资可以对企业、金融机构与监管部门的理念与行为产生影响，对经济的绿色低碳转型产生积极的推动作用。

①ESG 投资可以鼓励企业增加在环境治理、气候治理、绿色技术与产品研发等方面的投入，帮助企业拓展融资渠道，让企业在践行 ESG 投资理念的过程中获得更多投资，从而形成一个良性循环。

②ESG 投资可以帮助金融机构规避气候变化风险，引导金融机构加强对环保、节能减排等领域的投资，促使金融机构向着低碳、绿色的方向转型。

③监管部门在监管体系中纳入 ESG 因子，制定 ESG 投资规范，提高企业 ESG 投资信息披露标准，可以引导企业增强对气候、环境等问题的重视程度，引导金融机构在选择投资项目时对气候问题进行重点考虑。

2. 国际实践

在 ESG 投资与气候变化问题的国际实践方面，首先，各国企业与机构通过 ESG 投资围绕气候治理展开合作。第 21 届联合国气候变化大会通过的《巴黎协定》确定了"将 21 世纪全球平均气温上升幅度控制在 2 摄氏度以内，并将全球气温上升控制在前工业化时期水平之上 1.5 摄氏度以内"的气候治理目标，并呼吁世界各国将气候资金投向绿色能源、气候治理、低碳经济等领域。为了响应《巴黎协定》的呼吁，在第 26 届联合国气候变化大会上，来自 45 个国家的 450 多家金融机构承诺将其管理的

130 万亿美元的资产投向气候治理领域。

其次，国际投资机构借助 ESG 投资策略推动气候治理。2019 年 9 月，净零资产所有者联盟（Net-Zero Asset Owner Alliance，NZAOA）成立，吸引了 42 家投资机构加入，管理资产规模超过 5 万亿美元，联盟成员承诺从 2019～2025 年将温室气体排放量削减 16%～29%，到 2050 年将投资组合转向温室气体净零排放。在未来的时间里，NZAOA 将利用最先进的工具，综合使用 ESG 投资策略，充分发挥资金所有者以及投资者的特殊作用，引领行业气候治理新风向。

再次，一些国际大型企业开始进行 ESG 投资实践。例如，贝莱德集团对多种可持续投资产品进行综合应用，在碳测试工具研发、碳排放信息披露等领域投入了大量人力物力，取得了不错的成绩；太平洋投资管理公司综合使用 ESG 投资策略，引导企业关注气候风险，并成立气候债券基金，发行绿色债券。

3. 国内实践

国内企业（尤其是上市公司）加大了在 ESG 投资领域的实践。2021 年 8 月，中国上市公司协会发布《上市公司 ESG 实践案例》，收录了 133 家上市公司优秀的 ESG 投资案例，大部分公司的 ESG 投资实践集中在绿色发展、气候治理等领域。虽然国内企业的 ESG 投资实践开展得轰轰烈烈，但仍面临着 ESG 投资信息披露不足的问题。为了解决这一问题，生态环境部出台了很多文件，并提出在 2025 年建成强制性的环境信息披露制度。

金融机构也积极参与 ESG 投资。为了推动"双碳"目标实现，金融机构积极开发 ESG 投资产品，促使泛 ESG 基金规模在 2020～2021 年实现了明显增长。与此同时，全国社保基金理事会也开始大力推广 ESG 投资理念，在 ESG 投资领域做了很多实践。但因为我国还没有形成专业统一的绿色评级认证，导致金融机构只能通过个股识别绿色产品，整体效率比较低。

此外，监管部门出台了许多措施推动 ESG 投资发展。2006 年，上海证券交易所与深圳证券交易所在其发布的《上市公司责任指引》中首次要求上市公司定期评估公司的社会责任履行情况，从那时起，各级监管部门与机构相继出台文件，制定了 ESG 信息披露的基本框架，但目前我国政府尚未围绕 ESG 投资出台专门的政策或法规，也没有发布明确的激励措施。

第 17 章
上市企业 ESG 信披、评级与监管机制

ESG 信息披露理论与实践策略

ESG 信息披露指的是上市企业对环境保护、社会责任和公司治理三方面信息进行披露，是一种全新的企业评价标准与投资理念。目前，在国际市场上，ESG 投资已经成为一种主流的投资理念，欧美等国家已经建立起比较完整的 ESG 信息披露机制。

但我国 ESG 信息披露开始的时间比较晚，一直没有强制性的要求。直到《公开发行证券的公司信息披露内容与格式准则第 2 号——年度报告的内容与格式（2017 年修订）》《公开发行证券的公司信息披露内容与格式准则第 3 号——半年度报告的内容与格式（2017 年修订）》（以下简称为年度报告与半年度报告修订版）发布，我国 ESG 信息披露才形成了基本框架，但相关内容并不完善。同时，我国 ESG 信息评级也刚刚起步，评价体系尚不完善。

年度报告与半年度报告修订版在原有框架结构的基础上对上市公司信息披露的内容与格式做了一些调整，新增"环境和社会责任"章节，但只是要求"环境保护部门公布的重点排污单位的公司或其主要子公司主动披露排污信息、防治污染设施的建设和运行情况、建设项目环境影响评价

及其他环境保护行政许可情况、突发环境事件应急预案、环境自行监测方案、报告期内因环境问题受到行政处罚的情况和其他应当公开的环境信息”，“鼓励公司主动披露积极履行社会责任的工作情况”，“鼓励公司积极披露报告期内巩固拓展脱贫攻坚成果、乡村振兴等工作具体情况”，内容比较简单。

1. ESG 信息披露的理论基础

根据现有的研究，ESG 信息披露的相关理论主要有三种，具体如图 17-1 所示。

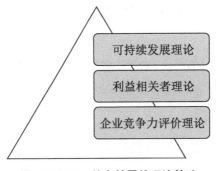

图17-1　ESG信息披露的理论基础

（1）可持续发展理论

该理论认为经济社会的发展既要满足当代人对资源的使用需求，又要维护后代人使用资源的权利，要坚持公平性、持续性、共同性三大基本原则。经济的可持续发展是实现社会可持续发展的关键，而想要实现经济的可持续发展，作为市场主体的企业必须履行社会责任，在攫取经济利益的同时做好环境保护。因此，上市企业在披露相关信息时不能遗漏与环境和社会责任有关的信息。

（2）利益相关者理论

在企业经营过程中，股东、债权人固然会对企业的经营发展造成直接影响，但企业内部员工、上游供应商、下游客户甚至自然环境对企业经营发展所造成的影响同样不容忽视。随着环境会计不断发展，如果企业仍采用以牺牲环境换取经济利益的发展方式，不主动履行社会责任，不在乎公司治理制度是否完善，最终会损害股东、债权人以及内部员工的利益，甚至会给社会稳定造成不良影响，最终导致企业估值下降，利益受损。

（3）企业竞争力评价理论

企业治理结构与风险应对能力在很大程度上影响着企业未来的发展。如果企业的治理结构不完善、内部管理不善、无法精准预测风险并采取有效措施应对风险，不仅会蒙受比较严重的经济损失，还有可能使企业信誉、品牌形象受损，导致企业发展潜力评估结果不太理想。

2. 上市公司 ESG 信息披露的六个步骤

上市公司 ESG 信息披露一般需要遵循六个步骤，如图 17-2 所示。

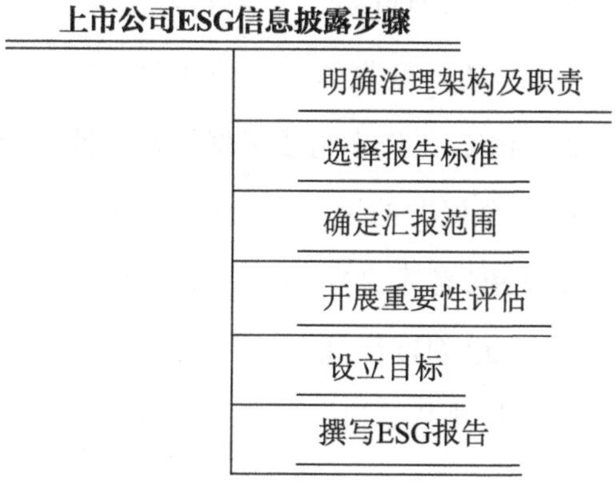

上市公司ESG信息披露步骤

- 明确治理架构及职责
- 选择报告标准
- 确定汇报范围
- 开展重要性评估
- 设立目标
- 撰写ESG报告

图17-2　上市公司ESG信息披露的步骤

（1）明确治理架构及职责

首先，董事会要明确 ESG 信息披露的重要性，对 ESG 信息披露给企业发展所造成的潜在影响进行评估，对 ESG 信息披露过程进行监管。

其次，公司要成立 ESG 工作小组，小组成员由企业高管以及对 ESG 信息披露有充分认知的人员担任，直接对董事会负责，通过内部资源调配与部门协同完成 ESG 信息披露任务。

（2）选择报告标准

上市公司的 ESG 信息披露要符合所选择的交易所对 ESG 信息披露的要求，还可以参考其他机构与组织发布的相关标准，例如全球报告倡议组织发布的《可持续发展报告标准》，可持续发展会计准则委员会发布的《可持续发展会计准则》等，审查自己披露的信息是否完整，有无遗漏关键指标等。

（3）确定汇报范围

ESG 工作小组要根据企业的业务范围确定 ESG 信息披露范围，可以根据年报范围、财务门槛、风险水平等确定 ESG 报告的内容。在某些情况下，企业 ESG 披露的具体范围可以根据不同层面以及条文的规定来确定。

（4）开展重要性评估

证监会、交易所以及其他机构关于 ESG 信息披露的政策与文件涵盖了很多 ESG 议题，对于某一家具体的企业来说，有些议题与企业有关，有些议题与企业无关。ESG 工作小组要根据行业属性、企业特性以及利益相关者的期望来判断各个议题的重要性，有选择地进行披露。也就是说，ESG 工作小组在披露 ESG 信息之前要开展重要性评估，以明确界定报告内容。如果 ESG 工作小组判定环境、社会、公司治理等事项对企业的日常经营以及企业股东和其他利益相关者的利益造成重要影响时，就应该将相关信息披露出来。

（5）设立目标

为了对环境、社会以及公司治理对企业发展所造成的影响进行评估，企业可以采用"SMART"原则设定目标，这个目标可以是数字指标，也可以是方向性声明，但必须描述清晰、可以实现。此外，企业还要根据设立的目标创建 ESG 指标体系，为信息披露奠定良好的数据基础，推动目标管理向着可视化、定量化的方向发展。

（6）撰写 ESG 报告

ESG 工作小组要负责编撰 ESG 报告，要涵盖企业的 ESG 理念、ESG 绩效、ESG 风险管理等内容，使用的语言要清晰、明确、简洁、容易理解，并使用丰富的案例、数据与图表进行佐证，增强报告的可信度。

我国 ESG 评价体系的构建策略

2006 年，高盛公司首次提出要在对目标企业进行考核时综合考虑环境、社会和公司治理三要素，拉开了 ESG 投资的序幕。此后，ESG 投资理念不断成熟，逐渐成为一种主流的投资管理办法，国际主要指数公司纷纷推出 ESG 指数及衍生投资产品，例如 MSCI（摩根士丹利资本国际公司）发布 MSCI ESG 系列指数，富时发布 FTSE4Good 系列指数，标普道琼斯发布 The Dow Jones 可持续发展系列指数等。这些国际主要指数公司虽然形成了相对成熟的 ESG 评级体系，拥有丰富的全球市场研究经验，但在我国市场应用的过程中出现了很多问题。

因为各评级公司使用的评级方法与评级数据不同。在评级方法方面，评级公司没有对评级方法做出具体说明，没有对假设的基准进行披露，而且评估过程不标准；在评价数据方面，评级公司所使用的数据大多是被评估企业提供的，可能存在虚假数据。再加上一些评级机构需要为被评估企业提供咨询服务，二者之间存在利益关系，可能导致评级结果不太客观，最终导致不同机构对同一家企业的评级结果有较大差异。

另外，相较于已经十分成熟的海外市场来说，我国资本市场的成熟时间比较短，经济结构正处于转型升级阶段，不能直接对标海外的 ESG 评价体系。例如在绿色企业认证方面，国际标准比较关注气候变化缓解和气候适应等问题，而国内标准更关注节能减排、生态保护等环境效益。在社会责任方面，证监会发布的最新文件鼓励企业披露与精准扶贫有关的信息，而海外的 ESG 评价体系没有这一指标。即便指标相同，ESG 评价的指标权重也可能因为国情不同而出现一定的差异。

因此，我国要根据实际国情构建适用于本国市场的 ESG 评价体系，不能照搬国外的 ESG 评价体系，具体要做好以下几点。

首先，政府部门与监管机构要发布相关政策与文件完善 ESG 的制度框架，鼓励企业主动披露 ESG 信息。一套系统完整的 ESG 评价体系应该包括三大内容，分别是信息披露、绩效评级、投资指导。目前，我国只有香港联交所发布了《环境、社会和治理指引》，证监会在 2018 年修订发布的《上市公司治理准则》只确定了 ESG 信息披露的基本框架。为了解决这一问题，我国政府部门与监管机构必须尽快出台相关的制度与监管措施，为国内企业的 ESG 信息披露提供有效指导。

从国际趋势来看，虽然世界各国都提倡企业自愿披露 ESG 信息，但在具体实践中，只有少数企业会主动披露 ESG 信息，大多数企业披露 ESG 信息的意愿并不高。在这种情况下，很多国家和地区开始采取半强制措施，要求有重大影响的企业❶披露完整的 ESG 信息，或者要求企业对不披露 ESG 信息的行为做出合理解释。在此形势下，我国也应该提高披露要求，采取半强制半自愿原则，让企业养成主动披露 ESG 信息的观念与习惯。

其次，证券交易所或者上市公司协会要积极推进 ESG 数据库建设，为 ESG 评价体系的建设与完善提供充足的数据支持。因为基础数据越丰富，ESG 评价体系越完善，所产生的评价结果就越真实可信。具体来看，ESG 数据库建设需要做好两件事：

- 证券交易所或者上市公司协会要完善 ESG 信息披露与报送制度，创建信息共享平台；

---

❶ 有重大影响的企业：一般指高污染企业、高风险企业、市值达到一定规模的上市企业等。

- 证券交易所或者上市公司协会要利用先进的金融科技打通各个信息系统，从更多渠道采集更丰富的数据，对数据进行深入挖掘与分析，不断拓展数据的使用维度，增强数据的风险预警能力，为ESG数据库建设提供强有力的支持。

最后，证监会、交易所以及行业协会要根据我国国情对ESG的具体含义做出明确界定，对ESG各项指标的内涵进行定性描述，合理区分综合评价指标与分类评价指标，在保证ESG评价指标设计科学性的基础上，考虑所需数据获取的难易度与可行性，为ESG评价指标的构建提供支持。

分类评价有两种，一种是分行业评价，一种是分别围绕E、S、G所做的评价。对于监管机构来说，综合评价更有意义；对于投资机构来说，分行业评价或者分别对E、S、G进行评价更有意义。因此，相关部门与机构在设计ESG评价指标时不仅要关注综合评价指标设计，还要做好分类指标设计。

我国ESG监管机制与制度框架

ESG的健康发展离不开证监会等部门的强力监管。只有在完善的监管制度下，ESG才能建立客观、公平、统一的评价准则，才能引导和激励相关企业主动参与到ESG披露中来，才能形成更完善的生态，实现更好的发展。

虽然世界各国在ESG监管方面采取的方法各不相同，但最终目标是一致的，都是希望上市公司能够积极主动地进行ESG信息披露，扩大ESG投资的覆盖范围。下面我们对ESG监管的推动机制、中国ESG监管的制度框架以及对ESG整合监管的尝试进行具体分析。

1. ESG 监管的推动机制

ESG 监管的推动机制可以从两个层面进行理解：一是信息传递机制，通过设定严格的披露要求，提高 ESG 信息披露质量；二是资金引导机制，弱化监管，强化对投资的引导作用，通过激励措施引导投资。

（1）信息传递机制

一家公司的 ESG 治理能力能否得到外界的认可，在很大程度上取决于 ESG 信息披露的质量，包括信息是否准确、是否规范、是否可计量、是否容易获取等。从监管的角度看，想要提高企业的 ESG 信息披露质量，监管部门必须制定最低披露标准，并且保证企业披露的 ESG 信息能够被投资者获取。

（2）资金引导机制

资金引导指的是从政策层面对资产管理机构与金融中介机构进行激励，促使其加大对 ESG 的投资，主要是政策层面的引导和激励，很难从制度层面提出具体的监管要求。

2. 中国 ESG 监管的制度框架

从相关部门发布的与 ESG 监管有关的法律文件看，我国现有的 ESG 监管主要围绕两个中心开展，一是环境保护，二是社会责任。下面对这两大模块的相关法律文件进行梳理。

（1）环境保护

围绕环境保护的 ESG 监管法律文件主要包括：

- 2007 年 2 月 8 日，国家环境保护总局通过《环境信息公开办法（试行）》，明确了环境信息的内涵，制定了环境信息公开的原则，要求环保部门建立、健全环境信息公开制度，形成了强制公开环境信息的标准。

- 2014年4月24日，第十二届全国人民代表大会常务委员会第八次会议修订通过《环境保护法》，将保护环境确定为国家的基本国策，从法律层面对企业公开环境信息以及需要承担的法律责任做出了明确规定，并强调政府环境监管部门在防治污染、保护生态环境等方面的责任。该文件的出台进一步强化了企业的环保意识，引导一大批企业走上可持续发展之路。

- 2016年8月31日，中国人民银行、财政部等七部委联合印发《关于构建绿色金融体系的指导意见》，明确了创建绿色金融体系的重大意义，要求大力发展绿色信贷、绿色保险、绿色金融，"统一绿色债券界定标准，支持开发绿色债券指数、绿色股票指数以及相关产品，逐步建立和完善上市公司和发债企业强制性环境信息披露制度"。

- 2019年2月14日，国家发展和改革委员会、工业和信息化部、自然资源部、生态环境部、住房和城乡建设部、中国人民银行、国家能源局联合印发《绿色产业指导目录》，对节能环保产业、清洁生产产业、清洁能源产业、生态环境产业及基础设施绿色升级做了细致分类，引导各部门对绿色产业形成统一认知，为各部门明确绿色产业发展重点，引导社会资本投入提供了有效依据。

- 2020年10月，生态环境部、国家发展和改革委员会、中国人民银行、中国银行保险监督管理委员会、中国证券监督管理委员会联合印发《关于促进应对气候变化投融资的指导意见》，首次对气候变化投融资进行顶层设计，为银行业创建一套与"双碳"目标相适应的投融资体系与机制提供有效指导。

- 2021年7月，中国人民银行发布《金融机构环境信息披露指南》，鼓励商业银行、资管机构、信托公司、保险公司四大金融机构每年至少披露一次环境信息。

（2）社会责任

围绕社会责任的 ESG 监管法律文件比如：

● 2002 年 1 月 7 日，证监会发布《上市公司治理准则》；2018 年，证监会对《上市公司治理准则》进行修订，明确了上市公司的社会责任以及在环境保护方面的责任，要求上市公司做好 ESG 信息披露。

● 2006 年，深圳证券交易所发布《上市公司社会责任指引》，强制要求所有"深证 100 指数"的成分股上市公司披露《社会责任报告》。

总体来看，我国对 ESG 信息披露的监管还处在起步阶段，以鼓励为主，较少提出强制性要求。

3. 对 ESG 整合监管的尝试

我国关于 ESG 整合监管的尝试比如：

● 2018 年 9 月，中国证监会对《上市公司治理准则》进行修订，首次对上市公司披露环境信息以及履行扶贫等社会责任的情况做出要求，初步明确了上市公司披露 ESG 信息的原则。

● 2021 年 6 月，中国证监会修订了上市公司年报、半年报的信息披露准则，鼓励上市公司公开披露"为减少其碳排放所采取的措施及效果""巩固拓展脱贫攻坚成果、乡村振兴"等内容。

综上所述，在 ESG 信息披露方面，我国已经形成了比较完善的半强制披露法规，强制信息披露规则尚未发布。

全球主流 ESG 评价体系与方法

随着经济的快速发展，各行业企业的环境保护意识逐渐增强，国内外资本市场对环境、社会和公司治理的重视程度也越来越高，上市公司的ESG 特征逐渐成为影响其财务表现和股票估值的重要因素。2006 年，联合国责任投资原则组织成立，该组织以帮助投资者认识到 ESG 因素对投资价值的影响为宗旨，鼓励投资者在进行投资决策时将 ESG 因素作为重要参考信息，目前，投资领域已经建立起了较为完备的 ESG 投资与 ESG评价体系。

近年来，ESG 投资的规模不断扩大，ESG 投资理念也逐渐进入大众视野，资本市场开始构建并完善 ESG 评价体系，设置标准化的上市公司ESG 基准，同时建立起许多服务于投资机构的 ESG 评级公司。一般来说，ESG 评级结果较好的企业在环境、社会和公司治理等方面的表现也较为突出，因此投资机构会参考 ESG 评级结果来选择投资对象，这就意味着，ESG 评级结果较好的公司将更容易获得投资。

在世界范围内，主流的 ESG 评价标准主要包括以下几项。

1. 道琼斯可持续发展指数（DJSI）

1999 年，道琼斯公司推出世界首个可持续发展指数——道琼斯可持续发展指数（The Dow Jones Sustainability Indexes，DJSI）。道琼斯公司每年都会从经济、社会、环境三个方面对大约 5000 家企业进行评估，并通过道琼斯可持续发展指数来直观体现出企业的投资价值和可持续发展能力，以便投资者根据企业的 ESG 评价结果选择投资对象。

具体来说，道琼斯公司在对企业进行 ESG 评价时主要从环境、社会和经济三个方面入手，其评价范围覆盖 600 多项相关指标；同时，DJSI还将评价指标划分为通用指标和行业指标两大类，其中通用指标能够反映出企业的整体特征，行业指标更具针对性，是根据被评价企业所处行业的特点专门设置的评价指标；不仅如此，DJSI还针对不同的行业为各项指标赋予了不同的权重，进一步提高了最终评价结果的科学性、合理性和有效性。

道琼斯公司在计算各个企业的DJSI之前通常会从公开信息、公司文件、调查问卷当中采集相关信息数据，也会通过直接联系被评估企业的方式来获取所需信息。在评估环节，道琼斯公司会选出各行各业中可持续发展表现得分排名前10%的企业，并将这些企业列为DJSI成分股。

2. 碳信息披露项目

碳信息披露项目（Carbon Disclosure Project，CDP）是一个致力于披露全球大型企业对环境和自然资源影响的国际性非营利组织。CDP鼓励企业公开自身为应对气候变化采取的措施，并掌握着世界上最全面的气候变化相关数据。近年来，有越来越多的投资者对其投资的企业提出了通过CDP来公开企业在应对气候变化以及保护水资源和森林资源等方面的相关信息的要求，目前，CDP已经与大约50个国家和地区建立了合作关系。

CDP会通过向企业发放问卷的方式来采集信息，并在一定程度上参考问卷填写内容对企业进行打分评级。在CDP向企业发出问卷后，无论企业是否填写该问卷，CDP都会对其进行打分，因此接收到问卷的企业需要及时填写问卷并将填写完的问卷发送给CDP。一般来说，CDP向企业发放的问卷可分为气候变化问卷、水问卷和森林问卷三种类型。

CDP会以企业反馈回来的问卷为参考信息对其进行打分，并根据打分结果由高到低将企业分为A、B、C、D、F五个等级。具体来说，未填写问卷和未向CDP反馈的企业将会直接被评为F等级；积极填写问卷并将其发送给CDP的企业主要分布在A、B、C、D四个等级当中，具体的等级与企业自身的环境管理表现相关，其中获得"A领导力"等级的企业通常是其所处行业中在环境管理方面的实践效果最优异的企业，获得"B管理"等级的企业通常是为应对环境问题制定了行之有效的策略并付诸实践的企业；获得"C认知"等级的企业通常是对环境问题有一定了解的企业；获得"D披露"等级的企业通常是认真完成问卷的企业。

从内容上来看，CDP问卷的内容主要涉及气候变化、水和森林三个领域，覆盖了从战略到管理再到实践等多个环节。例如，CDP气候变化问卷中共包含了企业管治、排放明细、能源等12类指标，具体内容如图17-3所示。

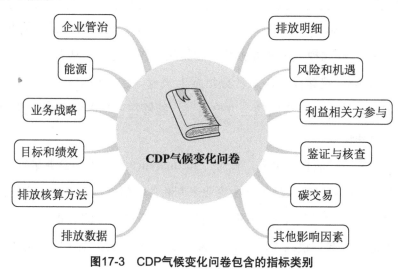

图17-3　CDP气候变化问卷包含的指标类别

3. Sustainalytics

Sustainalytics是一家全球知名的ESG评级机构，该机构在各个国家和地区共设有16个办事处，能够为世界各地的企业提供ESG评级服务。同时，Sustainalytics还不断加强对公司治理产品和公司治理服务的创新，以便为世界各地的企业提供有效的公司治理解决方案，并充分满足各地投资者多样化、个性化的投资需求。

在风险评估环节，Sustainalytics会参照企业的ESG表现对其进行打分，并根据打分结果划分为多个风险等级，具体来说，风险分数在 0～10 分的企业面临的 ESG 风险基本可以忽略不计，风险分数在 10～20 分的企业存在较低的 ESG 风险，风险分数在 20～30 分的企业可能会面临中度风险，风险分数在 30～40 分的企业通常存在较高的 ESG 风险，而风险分数在 40 分以上的企业所面临的 ESG 风险将十分严峻。具体情况如表 17-1 所示。

表 17-1　Sustainalytics 风险评估等级

风险等级	可忽略风险	低风险	中风险	高风险	严峻风险
风险分数	0～10	10～20	20～30	30～40	40+

Sustainalytics 的计分指标主要可分为三部分，分别是企业管理模块、实质性 ESG 议题模块和企业独特议题模块。在评分过程中最重要的模块是实质性 ESG 议题模块，从计分指标上来看，这一模块实现了对环境、社会和公司治理三个方面的全方位覆盖，能够在评估企业 ESG 风险过程中发挥重要作用。

从报告公开流程上来看，首先，Sustinalytics 会提前与企业进行沟通，将已经拟定的风险评级报告交由企业来判断各项信息是否准确、完整；其次，企业需要将报告中错漏的信息告知 Sustainalytics 的分析师，以便对该报告进行查漏补缺；再次，Sustainalytics 的发行人关系团队要发挥自身的辅助作用，帮助分析师与发行人进行沟通交流；最后，分析师要根据企业反馈信息对报告中的评分进行合理调整，并将经过审核和调整后的 ESG 风险评级报告交由 Sustinalytics 进行公开发布。

4. MSCI ESG 指数

摩根士丹利资本国际公司（MSCI）是一家全球知名的投资决策支援工具和服务供应商，该公司推出的 MSCI 指数能够直观地体现出企业在社会、环境和公司治理方面的水平，因此投资者可以根据 MSCI 指数来选择金融产品进行投资。具体来说，MSCI 指数体系可分为七大类，ESC 指数是其中之一，近年来，MSCI 不断加强对 ESG 投资的研究，对所有处于 MSCI 指数范围内的上市公司进行评估，并公开其 MSCI ESC 指数，力图帮助投资者找到科学性高、风险低的投资组合。目前，MSCI 指数的 ESG 评级结果已经成为投资者选择金融产品时的重要参考信息，到 2020 年 6 月，被纳入 MSCI 指数的上市公司已高达 8500 家，且股权和全球固定收益证券的数量已超过 68 万。

从内容上来看，MSCI ESC 评级主要涉及环境、社会和公司治理三个方面，并包含 10 个议题和 37 项指标。从流程上来看，首先，MSCI 要对企业进行基本指标打分；其次，MSCI 要根据全球行业分类标准（Global Industry Classification Standard，GICS）对被评级企业进行分类，这些企业具体可分为 11 个大类 24 个行业组别 69 个行业和 158 个子行业；最后，MSCI 要根据实际风险水平为各项核心议题分配不同的权重，具体来说，各个行业中的各项议题的权重通常在 5% ~ 30% 之间。MSCI ESG 评级指标如图 17-2 所示。

表 17-2　MSCI ESG 评级指标

3 个层面	10 个议题	37 个核心指标
环境	气候变化	碳排放、财务环境影响、产品碳足迹、气候变化脆弱性
	自然资源	水资源稀缺、原材料来源、生物多样性和土地
	污染与废物	有害气体和废物排放、电子垃圾、废弃材料和包装物
	环境机遇	清洁技术机遇、可再生能源机遇、绿色建筑机遇
社会	人力资源	劳工管理、人力资源发展、安全与健康、供应链劳工标准
	产品责任	产品质量与安全、隐私和数据安全、化学安全、责任投资、金融产品安全、健康和人口风险
	利益相关	争议根源
公司治理	社会机遇	实现沟通、关爱健康、赢得收益、获得营养与健康机遇
	企业治理	董事会、所有权、薪酬、审计
	企业行为	企业道德、腐败、不正当竞争、稳定的财务制度、透明纳税

一般来说，MSCI 在对企业进行评分之前需要获取学术、政府和非政府组织的宏观数据，并从可持续发展报告、ESG 报告、企业社会责任报告、公司官网等中采集公司公开披露的信息，同时也要关注媒体和政府数据库等掌握大量信息资源的组织，以便从中获取所需信息。2022 年 12 月，MSCI 公开 2022 年度的 ESG 评级结果，并开放企业沟通渠道，以便被评级企业联系 MSCI 并进行 ESG 评级方面的交流。

| 第六部分 | 金融科技助力碳中和

第18章
金融科技：数智化赋能绿色金融发展

欧洲金融科技支持碳中和的实践

"双碳"目标是我国推动减污降碳、改善生态环境质量、加快生态文明建设、实现经济社会绿色低碳转型的关键，也是我国为应对气候变化、构建人类命运共同体做出的重大决策。

我国传统的绿色金融业务主要是对节能、环保、清洁能源等方面的各项绿色基础设施项目的资金支持，大多具有易识别的特点。随着绿色金融体系的不断完善，未来我国的绿色金融业务将会进一步升级，绿色金融不仅要支持绿色基础设施建设，还应以全面统计碳足迹和碳排放为前提为绿色农业、绿色建筑、绿色消费和绿色小微企业提供支持。由于参与绿色低碳转型的行业和领域众多，这些领域中大量的绿色主体、绿色项目和绿色产品为识别带来了困难，因此绿色金融需要借助大数据、物联网、人工智能等先进技术来高效采集和分析相关数据，解决绿色识别环节存在的难题，从而充分发挥金融科技的力量促进绿色金融快速发展。

金融科技在农业、建筑、消费和小微企业等领域的应用能够有效推动绿色金融在这些领域中高质量发展。具体来说，金融科技既可用于提高绿色识别的效率和准确率，构建并维护绿色资产交易平台以及获取、分析和处理环境效益数据等；也可以帮助金融机构破除转型风险量化、碳资产信息披露等环节的信息壁垒，为信息共享、资金利用、效率提升等提供技术层面的支持。

为推动经济绿色低碳发展、快速实现可持续发展目标，全球各国积极发展金融科技，并利用金融科技推动绿色金融高质量发展：

- 2016年，联合国环境规划署金融倡议组织提出，金融科技可作为绿色金融的重要工具。

- 2017年1月，在瑞士达沃斯举行的世界经济论坛年会上，我国的蚂蚁金服和联合国环境规划署正式启动绿色数字金融联盟（Green Digital Finance Alliance，GDFA），探索金融科技和数字金融在商业创新方面的作用，优化金融体系，促进经济和环境可持续发展。

- 2017年5月，美国、英国、法国、德国、日本、意大利和加拿大在七国集团峰会上建立以金融科技推动中小企业绿色金融的国际工作平台。

- 2017年7月，德国主办二十国集团峰会，提出以金融科技促进发展中国家绿色金融的开发，并再次启用绿色投资平台（Green Invest Platform）。

- 2018年，经济合作与发展组织（Organization for Economic Co-operation and Development，OECD）与联合国共同建立用于解决可持续金融领域的主要知识差距问题的绿色金融平台（Green Finance Platform）。

- 2020年12月，新加坡金融管理局推出"绿色足迹"（Project Greenprint）项目，环境及可持续发展部在2020年"新加坡金融领袖"颁奖礼上宣布成立新加坡金融科技协会（Singapore FinTech Association，SFA）的绿色与可持续金融科技小组委员会，从而更好地促进金融科技全面赋能绿色金融，利用金融科技手段推动行业项目实现绿色金融。

● 2021 年 5 月，意大利作为 G20 轮值主席国与国际清算银行创新中心（Bank for International Settlements Innovation Hub，BISIH）共同推出金融科技挑战赛 G20 Tech Sprint 2021，着重表现金融科技在绿色和可持续金融领域的作用。

由此可见，目前已有大量组织和机构正在积极推动金融科技的发展和应用，各国企业均可借助金融科技的力量实现绿色低碳转型。

欧洲在金融科技应用领域的创新发展创造了新的碳中和应用场景和解决方案。具体来说，欧洲部分企业将物联网、区块链、人工智能等先进技术融入清洁能源交易、个人碳中和服务、企业碳中和服务以及提高绿色投融资市场的效率和透明度等项目当中，将应用场景拓展至能源、环境、众筹等各个领域，从而以金融科技助力碳中和打造全新的解决方案。

1. 在企业碳中和服务领域

金融科技公司 Climate Trade 以融合区块链技术和碳中和服务的方式构建出碳中和区块链交易平台，这大幅提高了碳市场的透明度和可追溯性，一些大型公司和实体企业也可以通过该平台进入 Climate Trade 的碳抵消项目市场当中，并通过抵消碳足迹的方式实现碳中和。

具体来说，Climate Trade 能够在市场、应用程序、热光电系统等各个系统或网站中集成 Climate Trade Go，并计算相关产品或服务的碳足迹，为客户和供应商的碳足迹成本分配提供方便，同时针对参与碳抵消项目的企业分别构建用于交易跟踪和控制的系统，让用户能够采集相关信息和数据，并获取相关证书，为企业和投资者设计高度透明的沟通策略。对用户来说，一方面，可以从当前的碳信用中选择最符合自身实际情况的碳信用来直接抵消自身碳足迹，并借助区块链技术获取私人账户中的交易信息；另一方面，还可以借助应用程序编程接口（Application Programming Interface，API）和软件即服务（Software as a Service，SaaS）模型来为客户和供应商提供透明的碳足迹抵消服务。

2. 在绿色投融资市场领域

在绿色投融资方面，多个国家积极推动科技与金融产品和金融服务的融合。如西班牙毕尔巴鄂比斯开银行（Banco Bilbao Vizcaya Argentaria，BBVA）将区块链技术融入绿色债券当中，这既可以减少债券发行环节的成本支出，也可以提高绿色债券发行认购效率以及发行认证的透明度和公允性，同时还能有效防止出现"洗绿"行为。瑞典的创业公司ChromaWay 将区块链技术应用到私人资本的绿色投资领域当中，研发出服务于绿色投资者的绿色资产钱包 Green Wallet，为气候投资者实现《巴黎协定》的长期目标提供有效的技术支持。

绿色债券发行和绿色资产钱包可以在金融科技的支撑下解锁新兴市场和发达市场中的各个绿色项目，并引导私人资本进入绿色投融资领域，进而推动绿色投融资市场向高效化、透明化发展。

3. 在清洁能源交易领域

位于瑞典哥德堡的 Trine 利用人工技术构建太阳能交易平台来为新兴市场的太阳能供应商和发达国家市场购买者提供太阳能交易服务，该平台能够为太阳能投资者的市场投资提供方便，因此该平台的投资规模不断增长。彭博社新能源财经（BNEF）提供的数据显示，截至 2020 年底，该平台的投资规模已增长至 4556 万欧元，共减少 3881173 吨二氧化碳排放，并额外为 252.6 万人供应电力。

4. 在个人碳中和服务领域

芬兰的绿色投资应用平台 Cooler Future 覆盖了不同领域的绿色债券、全球上市公司的全球投资组合以及大、中、小盘股的特定组合，能够为个人投资者提供成本约为 20 欧元的可持续投资，不仅如此，投资者通过该平台投资的股票或债券都有与其对应的减碳措施，由此可见，该平台的应用能够在经济绿色高质量发展和碳减排方面起到十分积极的影响。

美国金融科技支持碳中和的实践

美国作为世界主要经济体高度重视金融科技的发展和应用以及碳中和的顶层设计，积极在企业碳中和服务、个人碳中和服务、生态产品价值实现、IT 基础架构碳排放及可持续决策等各个领域进行关于金融科技和碳中和的研究和实践，并开展金融科技投融资活动。

1. 在企业碳中和服务领域

美国碳信用额交易和碳监测技术公司 Pachama 为扩大对森林的保护和修复大力开发技术解决方案，打造碳配额交易平台，向企业提供碳足迹计算和碳抵消服务，助力企业实现碳中和目标，并积极推动森林碳信用额市场增长，以技术引领环保。

Pachama 会利用遥感技术、人工智能和机器学习等多种技术手段对森林中储存的碳进行精准测量，并对森林的变化情况进行实时监测，进而保护森林生态系统，为客户建立碳信用额度，为森林保护项目提供保障，并改善碳市场。除此之外，Pachama 还会利用光探测和测距技术（Light detection and ranging，LiDAR）进行森林 3D 建模，同时借助人工智能技术来识别森林特征、分析卫星数据，进而达到以技术辅助森林保护和植被恢复的目的。

美国金融科技公司 Cloverly 利用可持续性即服务平台联系起买家和高质量可再生能源，并将碳补偿和可再生能源信用（Renewable Energy Credit，REC）作为碳排放抵消的工具，进而帮助组织和企业实现碳中和。具体来说，Cloverly 能够为客户提供免费下载以及业务活动影响情况实时计算等服务，并通过购买碳信用额度的方式来补偿客户产生的温室气体，从而达到碳减排的目的。

美国气候初创公司 Nori 则将大数据和人工智能技术运用到碳足迹的精准追踪当中，从而高效完成碳足迹数据的采集工作，并根据数据自动生成碳足迹报告，进而为企业的碳足迹评估和金融机构的环境信息披露工作提供支持。

2. 在个人碳中和服务领域

为实现个人碳中和，美国互联网服务供应商 Net Zero 将个人碳足迹与金融服务挂钩，研发出能够跟踪个人购买碳足迹产品的手机应用程序，为个人提供具有针对性的碳减排指导和碳补偿项目。

金融科技初创公司 Open Invest 将人工智能技术与全托资产管理（Turnkey Asset Management，TAM）相融合，构建智能投顾平台，利用非实体的机器人为客户提供理财服务，并为机构客户和零售客户提供可持续投资的常规标的。

3. 在生态产品价值实现领域

自然资本交易平台（Natural Capital Exchange，NCE）以大数据为主要技术手段，以卫星数据为数据基础，以数据库为美国森林数据存储工具，以碳汇交易平台为渠道开展碳汇交易，从而有效保障林场主的利益，达到避免过度砍伐、保护林木资源的目的。

4. 在 IT 基础架构碳排放及可持续决策领域

微软推出的永续计算器（Sustainability Calculator）能够量化单位次数 Azure 工作负载产生的碳影响，并利用云技术手段为客户掌握 IT 基础架构的碳排放数据和了解云工作负载的碳影响提供帮助，进而确保客户决策的可持续性，同时也能够根据在 Azure 数据中心和本地数据中心中运行的各项工作负载数据实现对碳节省的预估功能，从而达到加快推进清洁能源可持续发展的目标。

我国金融科技支持碳中和的实践

金融科技是指将先进技术与金融业进行深度融合而得到的一系列技术，旨在变革传统金融业的发展模式，推动传统金融产品创新，提升传统金融服务的效率和水平，以实现金融行业的高质量发展，同时降低金融行业的运营成本。随着金融碳中和战略的持续推进，我国金融业也加强了金融科技的应用，部分绿色金融试验区已经开始探索金融科技在绿色金融场景中的应用，并取得了较为可观的成绩，同时也积累了许多优秀的实践经验，未来，金融科技将持续发挥作用，促进金融领域全面实现碳中和。

2021 年 1 月 26 日，中国银保监会针对金融科技的应用召开了相关会议，当月 28 日，中国证监会也召开了相关的系统工作会议，这两次会议均强调要重视现代科技的运用，推动科技与监管工作的深度融合，打造科技驱动的金融监管模式。此外，中国银保监会还指出，通过不断的监管实践，自身对新时代金融工作的认识正在不断创新和深化，未来，机构将持续强化金融科技的应用，推动监管模式创新，从而最大限度地激发我国金融业的生机与活力。

随着绿色金融理念的不断深化，我国的金融科技企业、地方政府、监管机构正协同推进金融科技的应用，目前，金融科技正在多个领域发挥作用，具体包括以下几方面。

1. 在环境和绿色金融监管中的应用

随着绿色金融发展需求的提升，金融监管机构也加强了与生态环境部的协作，两者相互协同配合，共同推动绿色金融的稳定有序发展。

金融监管机构不断推动大数据、人工智能、物联网等技术与金融业的融合，对各类金融数据进行全面收集与整合，同时创建绿色金融产品管理体系，并通过对海量金融数据的分析来实现绿色金融产品的精细化、数字化管理，最终打造数据驱动的绿色金融监管系统。同时，生态环境部的生态环境数据中心会收集整合多种资源数据，包括生态环境信息、环境质量信息、污染源信息、环境管理业务信息等，这些信息也会通过预留的API接口共享给绿色金融监管机构。监管机构则将生态环境数据与金融数据进行融合分析，明确绿色金融发展带来的影响，并采取适当的监管措施，推动相关金融机构创新业务模式，实现绿色发展。

此外，生态环境部也会对全部的生态环境信息进行整合分析，撰写环境数据分析报告，并将其公之于众，使得当地政府、企业、个人等主体明确生态环境现状，从而据此制定更加合理的发展策略，或加强自身的行为规范，以提升当地的绿色发展水平。

例如，中国人民银行率先创建了绿色金融监管综合信息系统，以实时收集各金融机构的绿色金融数据。

这一系统能够基于各项金融科技对海量绿色金融数据进行加工处理，一方面对符合监管口径的绿色金融数据进行准确识别和标记，并据此生成监管数据，同时将这些监管数据进行统计整合，并推送给相关部门，实现数据共享；另一方面可以根据用户的不同需求，生成不同类型的图表，以辅佐用户更加顺利地开展业务，例如，系统可以为管理人员提供条形图、趋势线等报表，辅助管理人员实现更高效的数据管理。此外，系统还能够对海量绿色金融数据进行多口径、多维度的数据分析，充分发挥数据的价值。

2. 在绿色金融政务服务中的应用

随着金融碳中和战略的推进，很多政府机构开始借助大数据、云计算、人工智能等技术创建绿色金融综合服务平台，以加快绿色金融业务的发展。在当前绿色低碳成为经济发展趋势的背景下，很多中小微企业面临着技术、融资、专业等困难，难以自主、准确、及时地识别环境风险，也难以自主测算环境效益，为此，地方政府便对生态环境数据和金融数据进行整合，结合各类信贷产品，打造绿色低碳金融综合服务平台，为中小微企业提供绿色金融政务服务，加快这些企业的绿色低碳发展进程。

政府机构借助金融科技提供绿色金融政务服务，能够提升企业与金融机构的对接效率，帮助企业缩短融资流程、降低融资成本、减少融资风险，推动企业与金融机构实现高效协同，进而打造政府、金融机构、企业三方共赢的局面。

3. 在助力金融机构绿色金融业务中的应用

随着金融科技的发展，金融机构也开始注重金融科技的应用，变革自身业务发展模式，提升绿色发展水平，为实现金融碳中和助力。金融科技在绿色金融业务中的应用主要表现在以下几方面，如图18-1所示。

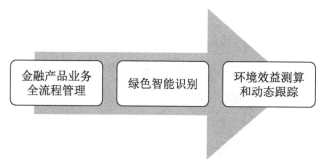

图18-1 金融科技在绿色金融业务中的应用

（1）金融产品业务全流程管理

金融机构利用数字技术为金融产品业务全流程赋能，并打造相应的绿色数字基础设施。这不仅可以提升自身对金融产品业务全流程的管理效率，推动金融业务向绿色低碳的方向发展，降低管理成本，也可以提升自身的绿色识别能力，从而实现高效的风险管理。此外，金融机构还可以与生态环境部开展合作，通过数据分析来监测环境气候变化，从而对可能的环境风险进行预测和预警处置。

目前国内已经有很多金融机构借助新一代信息技术开展环境气候风险预警方面的探索，这些机构对海量相关的数据进行整合、处理和分析，包括企业污染物排放信息、环境处罚信息、环境负面舆情信息等，以精准、及时地识别客户环境气候风险，并据此制定科学、有效的应对方案，以尽可能地降低环境风险。

例如，平安银行融合运用大数据、物联网、人工智能、云计算、区块链等新一代信息技术创建了"平安绿金"大数据智能引擎，该引擎能够实时监测并汇聚无人机、卫星、环境监控设备、媒体报道等多渠道、多维度的环境数据，并对这些数据进行融合分析，了解环境气候风险，据此优化绿色金融业务发展模式，实现自身对环境气候风险的信息化、自动化、智能化管理。

（2）绿色智能识别

尽管我国绿色金融已经取得了一定的发展，但很多企业的绿色项目界限较为模糊，并且很多项目不完善，金融机构在识别绿色项目上面临很多困难，同时国内外对于绿色发展的标准也存在差异。在这一背景下，金融机构可以借助人工智能技术打造相应的绿色智能识别工具，以有效地解决这些问题，从而进一步推动绿色金融的发展。

目前，国内部分金融机构借助金融科技，结合信贷资产信息和多种绿色标准，打造绿色智能识别工具，并借助这一工具对企业绿色项目进行分析，以更精准地鉴别绿色项目和绿色企业。

例如，苏州农商行结合人工智能、机器学习等技术，打造了一种绿色智能识别工具，并通过数据训练和人工纠错，持续提升这一工具的精准度，该行借助这一工具对绿色贷款项目进行分析和识别，高质高效地开展绿色信贷业务。

（3）环境效益测算和动态跟踪

金融机构借助人工智能、大数据、云计算等技术打造环境效益测算系统，并将企业和绿色项目的 ESG 评价和业务全流程纳入该系统中，通过对多维度数据的集成和综合分析，明确客户存在的 ESG 风险，并探索客户 ESG 评价与客户信用风险的关系，以判断绿色项目的风险，同时智能测算项目的环境效益，实现风险的高效管理和控制。

4. 在其他领域的运用

很多科技公司将数字技术用于低碳营销业务中。这些公司借助大数据、物联网等技术对用户的消费、交易、社交、信用等数据进行全面收集和精准分析，掌握用户绿色低碳消费的偏好和需求，并生成相应的绿色低碳行为画像，以实现精准营销。

此外，很多平台企业和渠道商也借助人工智能、大数据等技术，对用户绿色低碳行为数据、金融机构绿色产品数据等进行融合分析，同时结合相关产业政策，实现用户与绿色金融产品的精准高效匹配，从而加快绿色金融发展的进程。

金融科技支持碳中和的实践路径

近年来，金融科技在技术发展和市场需求的推动下取得了突飞猛进的发展，并且在绿色金融体系建设方面取得了较为显著的成效。不过，随着碳达峰、碳中和战略的持续推进，金融市场对绿色金融体系的需求不断攀升，这就要求相关机构仍需加大金融科技的应用力度，以帮助金融监管机构健全监管体系，助力金融机构提升运行效率，并实现低碳转型。金融科技支持碳中和的实践路径如图 18-2 所示。

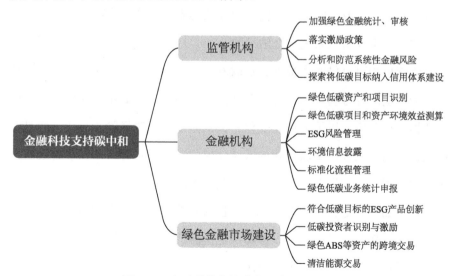

图18-2 金融科技支持碳中和的实践路径

1. 监管机构

（1）加强绿色金融统计、审核

金融监管机构可以借助大数据、人工智能、区块链等技术创建绿色金融统计与审核系统，将企业绿色低碳项目和资产的所有相关数据纳入区块链中，通过数据分析来识别认定绿色低碳项目，了解潜在的风险，同时测算绿色项目的环境效益，最终实现金融机构绿色金融业务的监测与审核，提升金融监管机构的监管效率和水平。

此外，区块链技术还能够帮助监管机构实现绿色资产的追踪，以抵制金融机构的"洗绿"行为。

（2）落实激励政策

金融监管机构可以将金融科技应用于绿色业绩评价中，借助大数据、云计算等技术创建绿色业绩评价体系，打造线上化、一体化的评价流程，通过对相关数据的整合分析，完成对绿色信贷绩效的评估和对绿色银行的考核，并基于这些考核结果落实相应的激励政策，如支持金融机构开展绿色再贷款项目，或鼓励金融机构加大碳减排支持工具的使用力度等。

（3）分析和防范系统性金融风险

监管机构可以借助大数据、物联网、人工智能、云计算等技术对系统性环境风险进行分析，具体可以表现为两方面：一方面是对环境气候的变化数据进行分析，以了解环境变化带来的系统性金融风险；另一方面是对能源、电力、工业等高碳行业的低碳化转型数据进行分析，以了解这些高碳行业转型带来的潜在风险和系统性金融风险。

在全面了解这些风险的基础上，监管机构可以结合金融科技来制定并执行相应的风险防范措施，以保障绿色金融的健康有序发展。

（4）探索将低碳目标纳入信用体系建设

随着低碳理念的不断深化，监管机构可以将低碳目标纳入信用体系建设中，以规范和约束社会主体的行为。

监管机构可以与相关部门开展合作，借助大数据、云计算、区块链等技术创建碳排放数据共享平台，对国内碳市场相关行业与企业的碳排放数据进行全面收集整合，一方面创建高效的碳排放核算和信息披露机制，对企业和个人的碳排放数据进行全面、精准的核算，并将相关数据按要求进披露；另一方面对这些数据进行整合分析，形成个人或企业的碳排放行为画像，以此来评价个人或企业的碳排放行为，并将其纳入个人信用或企业信用评价体系中，加强个人和企业碳排放的监管。

2. 金融机构

（1）绿色低碳资产和项目识别

金融机构一方面可以借助人工智能技术对绿色项目和资产的相关属性进行识别，另一方面借助物联网、大数据等技术对项目和资产实际情况数据进行收集整合，并通过数据分析对绿色项目的低碳属性进行验证和判断，最终实现绿色资产、棕色资产的识别和分类。

（2）绿色低碳项目和资产环境效益测算

金融机构可以借助物联网、云计算等技术对绿色低碳项目和资产的相关数据进行集成和分析，对相应的环境效益进行测算和评估，并根据相应的数据将绿色低碳项目对现实环境的贡献直观地展现出来，同时利用区块链技术将绿色低碳项目和资产的环境效益相关数据进行记录、存储和共享。

（3）ESG 风险管理

金融机构可以借助金融科技创建并完善绿色金融信息化风险管控体系，再利用大数据、物联网等技术对 ESG 风险大数据进行收集，基于这些数据创建风险辨识模型，同时设置可量化的风险指标，通过对风险数据的分析和对比，明确 ESG 风险，并采取科学的应对和管理措施，实现技术驱动的 ESG 风险管理。

在具体实践中，金融机构可以借助人工智能、物联网、大数据等技术对授信主体的信息进行收集和分析，生成相应的 ESG 信用画像，并将其纳入信贷管理体系中。此外，金融机构还可以借助大数据、云计算等技术对绿色资产、棕色资产的相关信息进行统计和分析，实现信贷资产转型风险的精准识别和管理。

（4）环境信息披露

金融机构可以借助大数据、物联网、人工智能、云计算、区块链等技术对授信主体投融资活动中的相关数据进行全面收集整合，筛选出与环境效益和碳排放相关的数据，并结合授信主体的行为追踪碳足迹，实现精准的碳核算，并通过对数据的分析和处理自动生成环境信息披露报告。同时，金融机构还要结合区块链、可扩展商业报告语言（Extensible Business Reporting Language，XBRL）等技术创新和完善信息披露方式，实现环境信息的标准化、透明化披露。

（5）标准化流程管理

金融机构可以利用大数据、云计算、人工智能等技术为业务流程管理赋能，实现标准化、智能化的业务流程管理。

在具体实践中，金融机构可以结合云计算、人工智能等技术进行数据分析，实现对绿色项目的识别和筛选；借助大数据技术对个人或企业的行为数据进行分析，形成个人或企业的绿色行为画像，并将其纳入绿色业务流程管理中；利用大数据、云计算、人工智能、区块链等技术对企业和项目的 ESG 风险进行评价和管理，提升管理效率。

（6）绿色低碳业务统计申报

金融机构可以借助人工智能、大数据、云计算等技术对绿色低碳业务的相关数据进行整合、处理和筛选，将符合监管口径的绿色业务数据进行准确识别和标记，并据此及时地生成相应的监管数据，再借助物联网等技术将监管数据全面精准地推送给相关机构或部门，为相关部门制定合理的业务决策提供支撑。

3. 绿色金融市场建设

（1）符合低碳目标的 ESG 产品创新

金融市场可以借助金融科技打造符合低碳目标的 ESG 产品，以推动绿色金融市场的建设。具体可以借助大数据、人工智能等技术创建多标准绿色智能识别工具，同时打造绿色或 ESG 遴选模块，利用这些工具对相关资产进行整合、识别和分类，筛选出绿色资产，并结合区块链技术研发绿色债券、碳减排债券、ESG 挂钩债券等产品，以实现绿色融资。

此外，金融市场还可以借助大数据、人工智能等技术对个人的绿色消费信贷行为数据进行分析，并生成个人绿色消费行为画像，掌握个人的绿色消费需求与偏好，并据此探索和创新相关金融产品。

（2）低碳投资者识别与激励

金融市场可以借助云计算、区块链等技术打造绿色投资渠道，同时结合个人或企业的绿色消费行为画像，向其精准推送相关的绿色投融资产品，借助大数据、人工智能、区块链等技术对其行为进行追踪，进一步掌握其绿色低碳消费的偏好，并采取一定激励措施引导其进行再投资。

（3）绿色 ABS（Asset-backed Securities，资产支持证券）等资产的跨境交易

金融市场可以利用物联网、区块链等技术为绿色低碳资产交易赋能，通过对交易数据的融合分析，实现资产交易全流程的标准化、智能化管理，同时确保机构和资产的高可信度，降低交易成本，提升管理效率。此外，金融市场可以借助区块链技术对绿色项目进行登记、确权、认证等操作，提供线上实时的融资工具对接与融资结算等服务，为绿色 ABS 等绿色资产的跨境交易提供技术支持。

（4）清洁能源交易

金融市场可以借助大数据、人工智能、物联网、区块链等技术打造开放公正的清洁能源交易平台，供应方和购买方可以依托这一平台进行清洁能源的交易，同时该平台会对交易双方信用数据、交易行为数据等进行全面记录和储存，交易双方和监管机构都可以随时查询和使用这些数据，确保交易行为的透明性、可靠性与合规性。

第 19 章

智慧银行：AI 驱动的银行数字化转型

智能客服：优化客户服务体验

智能客服在国内外银行业的应用已经有了不少案例。本质上，智能客服是利用语音识别、自然语言处理等人工智能技术取代人工客服与客户沟通交互。多渠道、智能化、标准化是智能客服的主要特征，其应用过程中涉及了知识提取、索引、存储及表现。和人工客服不同的是，智能客服可以为客户提供 7×24 小时服务，即便在需求高峰时段也能有优异表现。

随着相关技术的快速发展与应用场景的不断创新，目前，我国已经形成云厂商、技术集成商、客户产品供应商以及广大客户共同参与的智能客服产业链。

1. 智能客服的应用场景

智能客服在银行业的应用场景主要包括以下四种，如图 19-1 所示。

（1）智能客服机器人

智能客服机器人利用自然语言处理、知识图谱等技术，建立客服知识库，在此基础上识别、理解客户提出的问题，并从知识库中调取答案，为客户解答问题。除了回答问题外，智能客服机器人还能为客户办理简单业务。

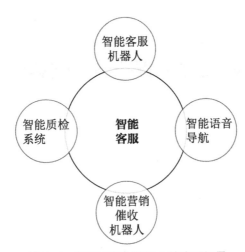

图19-1 智能客服在银行业的应用场景

（2）智能语音导航

智能语音导航利用语音识别、自然语言处理等技术对客户语音指令进行识别并理解，并以语音形式为客户导航，协助客户办理金融业务。

（3）智能营销催收机器人

智能营销催收机器人可以借助机器学习算法根据催收项目情况、被催收对象的特性等制定个性化的催收策略，而且可以在催收过程中结合实际执行情况对催收策略进行不断优化。

（4）智能质检系统

智能质检系统可以对客户服务质量进行检验，对海量的人工客服服务记录数据进行深度挖掘，建立客户服务质量评估模型，从而对人工客服服务话术、情绪表现等进行检验，提高银行客服服务水平，给客户带来良好体验。

2. 智能客服在银行业的应用

随着人工智能技术的逐渐成熟，智能客服系统得到了银行机构的一致青睐，目前，五大国有银行和十二家股份制商业银行都已运用智能客服。当然，由于智能客服仍处于初级发展阶段，银行业的客服工作仍需要采用人工与智能客服相结合的方式。智能客服可以回答客户的业务咨询、账户详情查询等简单问题，复杂问题则需要转接人工客服。

部分银行零售网点借助智能客服机器人来提高网点吸引力，但从客户反馈来看，银行零售网点智能客服机器人在交互体验上和人工客服仍存在较大差距，从而影响了他们和智能客服机器人的交互积极性。

3. 智能客服对银行的价值

智能客服能够帮助银行降低经营成本、提高客户响应时效性、优化客户体验等。

①银行运用智能客服系统后，可以由机器取代人工客服完成部分工作，从而降低人力成本，减轻人工客服工作负担，避免人工客服因为缺乏耐心与精力不足而降低客服服务质量。

②智能客服可以利用大数据、机器学习算法等对客户提出的问题、反馈建议、社交媒体动态等多维度数据进行分析，深入了解并实时响应客户需求。

③智能客服可以同时为上万人提供客服服务，避免高峰时段客户长时间等待，优化客户体验。

可以预见的是，随着人工智能技术日趋成熟，智能客服将会愈发人性化、智慧化，在更为广泛的场景中得到落地应用，成为银行提高市场竞争力的重要手段。

智能催收：有效提升催收效率

利用人工智能特别是智能语音技术，银行催收业务效率可以得到大幅度提升。银行业的快速发展使传统人工催收模式的短板愈发突出：

- 人工催收模式成本较高，银行需要为此付出场地、人员培训、工资等大量成本；

- 催收员在工作过程中易产生情绪波动，对催收业务开展较为不利；

- 人工催收效率较低，人工催收每天可打电话数量较少，而智能机器的效率明显更高；

- 传统人工催收存在客户敏感信息泄露问题，催收员会获得客户家庭住址、资产情况等个人敏感信息，从而带来客户敏感信息泄露风险；

- 人工催收通常由专人负责特定客户，管理缺乏规范性，影响催收成功率。

智能催收系统可以有效解决人工催收的上述问题。具体而言，智能催收系统包含两大组成部分，如图 19-2 所示。

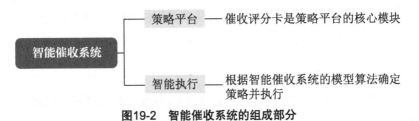

图19-2　智能催收系统的组成部分

1. 策略平台

催收评分卡是策略平台的核心模块，而催收评分卡主要由以下三组模型构成。

（1）账龄滚动模型

该模型可对轻度逾期客户成为高度逾期客户的概率进行预测，它根据客户还款情况为客户评分，可以帮助银行找到高风险客户。在应用实践过程中，该模型通常是为不同逾期时长（比如逾期 1 ～ 30 天、31 ～ 60 天等）的客户建立账龄滚动模型，然后预测其长时间逾期（比如 61 ～ 90 天）的概率。

（2）还款率模型

该模型适用客群是逾期超过 60 天的客户，能够对客户还款率进行预测，从而帮助银行找到还款率较高的逾期客户。

（3）失联预测模型

该模型可以对逾期客户失联概率进行预测，需要使用逾期总额、电话详单、账户信息等数据，在应用实践中，往往是对逾期不同时长（比如逾期 1 ～ 30 天、31 ～ 60 天、61 ～ 90 天等）客群分别建模。

2. 智能执行

智能执行策略根据智能催收系统建立的模型算法确定，该模型算法会考量客户基本信息、消费习惯、逾期记录、还款能力和意愿等为客户评分。如果得分较高，智能催收系统将采取较为温柔的策略进行催收；如果得分较低，则采取较为强硬的策略进行催收。除了催收话术外，智能催收系统还将提供什么时间催收、催收频率等详细信息。

智能信贷：实现全生命周期管理

目前，人工智能在金融核心场景中的价值已经得到充分证明，在人工智能技术的加持下，国内银行在客户价值发掘、风险管控与成本控制、拓展金融服务场景、创新服务流程等方面进行了一系列探索实践。在这个过程中，银行的组织架构、基础设施建设、体制机制等也正在发生变革。

信贷业务又被称为信贷资产或贷款业务，是银行的一大关键业务，推进人工智能在该领域的应用，对加快"智能＋金融"模式落地、促进银行转型升级具有重要价值。

营销获客，贷前信用评估、审核、反欺诈检测、贷中监控，以及贷后管理是信贷业务流程的三大主要阶段。不同阶段普遍存在一定的挑战和痛点，而 AI 技术的应用为解决这些问题提供了有效解决方案。我们可以将信贷客户生命周期分为客户获取、客户提升和成熟、客户衰退与流失三大阶段，如图 19-3 所示。这三个阶段相互影响，所以，实现用户增长不能仅针对某一阶段，而是应该从客户生命周期整体着手。

图19-3　信贷客户生命周期的三个阶段

1. 客户获取阶段

客户获取阶段的目标是找到并获取潜在客户，促进营销转化。为此，我们可以用人工智能技术建立潜在客户响应模型。

在银行传统客户获取模式中，银行接触到客户后，掌握的客户信息通常仅是客户身份信息，个性化、标签化信息缺失，从而影响转化效果。而利用潜在客户响应模型后，银行可以对客户进行全方位的信息获取，描绘立体化客户画像，用低响应、中响应、高响应三大状态对客户进行细分。在此基础上，对不同客群采用差异化的营销策略，实现精准获客与高效转化。

比如很多互联网金融平台会通过推出现金奖励活动引导目标客户成为平台注册用户，但这些用户中仅有很少部分用户能为平台带来直接收益。应用潜在客户响应模型后，互联网金融平台可及时定位高响应度客户、中响应度客户及低响应度客户：

- 对于高响应度客户，该模型将通过信息推送、电话沟通等方式将其转化；
- 对于中响应度客户，该模型可对他们进行实时"监测"，在客户购买意愿较高时，及时利用信息推送、电话沟通进行转化；

- 对于低响应度客户，由于这类用户购买意愿较低，通常是出于"占便宜"的心态而成为注册用户，因此，该模型会过滤掉这类用户，避免造成互联网金融平台资源浪费。

在客户获取阶段利用人工智能技术对客户群体进行精准细分，金融机构可以更好地配置人力、物力等资源，将更多的资源集中到高价值客群之上，从而实现价值最大化。

2. 客户提升和成熟阶段

客户提升和成熟阶段的目标是充分发掘客户潜在价值，鼓励客户购买更多的金融产品和服务，并提高用户黏性与品牌忠实度。

利用人工智能技术建立产品推荐模型、交叉营销模型，可以让金融机构对客户潜在需求进行精准识别，并开展交叉营销活动，实现需求和供给的精准对接，确保客户获得良好体验，有效提高客户忠实度，为企业创造更多的利润。

3. 客户衰退与流失阶段

客户衰退和流失阶段的目标是尽可能地延长客户生命周期，提高客户活跃度。利用人工智能建立客户流失召回模型，可以帮助金融机构快速找到流失客户，并对其召回响应度进行评估，根据不同类型客户提供差异化的召回建议。

目前，我国网络信贷市场正处于从野蛮生长到监管推动下的合规发展阶段，市场竞争从增量竞争转变为存量竞争，此时，银行实施精细化管理显得尤为关键。以用户为中心，充分利用人工智能、大数据、云计算等技术，开展用户全生命周期运营，充分挖掘每一个客户的潜在价值将是银行增强市场竞争力的必然选择。

智能网点：传统银行网点的智能化转型

金融设施全面电子化是智慧金融的重要标志。金融大数据得到重视、综合性金融业务大量涌现背景下，银行等金融机构需要充分借助移动互联网、物联网、大数据等技术分析客户金融消费行为与需求数据，促进金融服务的轻量化、平台化、智能化、体验化。对于银行而言，智慧金融将在网上银行、在线融资、在线理财、风险评估、非接支付、互联网支付等诸多方面得到体现。

通常，营业网点的数量、质量被视作为衡量一家银行市场竞争力的重要指标。而具有展示、销售、服务等功能的基层网点是银行对接客户的重要载体，应该受到银行的高度重视。随着互联网金融的发展，银行网点柜面业务量逐步降低，但其运营成本在银行总成本中仍占据较高的比重。这种局面下，如果银行不能加快完成传统银行网点的转型升级，将极大地削弱自身的增长空间。智慧金融是互联网金融发展到一定阶段的必然产物，推进智慧金融的落地应用，将成为银行网点智能化转型的必然选择。

1. 传统银行网点的转型方向

商业银行应该充分抓住智慧金融带来的重大发展机遇，运用银企合作、交叉营销等手段，扩大客户群体，转变"坐店待客"的传统发展模式，增强网点的社交、移动及本地化生活属性，打造综合性跨界服务体系。具体而言，传统银行网点可以尝试从以下几个方面进行转型升级，如图 19-4 所示。

（1）智能化

随着市场竞争日趋白热化以及互联网金融的强烈冲击，推动银行网点智能化转型是实现差异化竞争的有效手段。银行网点可以通过广泛引入智能设备来提升柜面服务质量，减少客户排队等待时间。

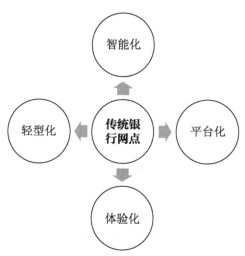

图19-4　传统银行网点的转型方向

（2）轻型化

传统银行网点普遍存在营业面积较大、组织臃肿、服务体验不佳等问题。而智慧金融要求银行渠道建设应该更为轻型化、虚拟化，因此，银行网点需要精减组织结构、减少营业面积、强化服务意识。在这一方面，银行可以向苹果、华为、小米等品牌体验店学习借鉴，积极开展产品与服务创新。

（3）体验化

本质上，互联网金融应该是实体金融的有益补充，而不是要完全取代传统金融。因此，银行实体网点将会长期存在。目前，实体网点是很多银行开展营销推广的重要平台，为了进一步增强其竞争力，银行需要持续增强其体验感，将其打造成为融合产品创新与展示、产品营销与培训、客户体验和交互等多种功能的一体化体验中心，为客户创造极致的金融服务体验。

（4）平台化

将新科技融入金融业务各环节，充分利用数字媒体、互联网平台、人机交互等技术，能够为客户打造高效便捷的远程虚拟化平台服务，使客户获得更多的体验感、参与感。

为了更好地使实体网点转型得以落地，银行需要对转型路径和配套设施进行优化完善，将引进自助设备、劳动组合、柜面配置优化等手段相结合，提高实体网点服务效率与质量，使用户获得更为优质的服务体验。同时，创新实体网点营销模式，以“赢在系统”取代“赢在大堂”，充分利用大数据技术对客户价值进行深度发掘，将实体网点和手机银行、微信银行相结合，使客户的泛在金融需求得到充分满足。

2. 智能机器人驱动银行模式创新

人工智能是利用计算机来模拟人类的思维过程，一方面进行物理结构模拟，即模拟人脑结构机制，形成“类人脑”机器；另一方面进行功能模拟，即模拟人脑具有的自主学习、思考、决策等能力。

目前，金融行业应用人工智能以功能模拟为主，使用具有一定人脑功能的设备为客户提供智慧金融服务。大数据、人工智能、自动控制等技术的融合发展，使赋予智能机器人更多的人脑功能成为可能，比如，使智能机器人具备感知、思考能力，赋予智能机器人强大的自主性、环境适应性等。这将为通过“机器换人”策略加快银行业转型升级、营造以“为用户创造价值”为核心的金融生态环境奠定良好基础。

智能机器人在金融领域的落地应用主要包括三种模式：

- 以在线文本语言交互方式为基础，运用图像识别、音频识别、知识图谱等技术，为客户提供人机交互型视频语音金融服务；
- 开发引导服务机器人，为机器人配备插卡口、摄像机、NFC 近场感应区、显示屏等设备，不但可以为客户提供查询、转账等非现金业务，还能提供智能引导、票证打印、生活缴费等服务；
- 利用跨界“平台金融”型机器人为客户提供本地化金融服务，这类机器人可以通过指纹、虹膜、人脸、掌纹等生物特征进行客户身份识别，在此基础上，为客户提供无卡存取款、小额金融贷款服务等，经过授权后，这类智能机器人可以从银行数据库中自动调取商户 POS 流水信息，并对商户进行资质审核和授信认证，提高银行贷款业务效率的同时，也大幅度降低了银行信贷风险。

3. AI 驱动银行网点服务的智能化

人工智能等新一代信息技术将从以下几个方面推动银行网点服务智能化。

（1）在理论创新方面

人工智能、物联网等技术，为移动金融、智慧金融落地应用提供了理论基础。比如，自动定理证明技术可以为远程咨询、网络信息检索等提供自动化解决方案，自然语言处理技术可以帮助机器和人类进行人机交互，大数据技术可以使银行网点从金融大数据中挖掘客户价值等。

（2）在技术应用方面

ICT 等网络技术将在人工智能技术的指引下迈向全新的发展阶段。基于机器学习、智能算法等技术的大规模网络应用是 ICT 产业的主流发展趋势，未来，会有越来越多的金融机构和科技企业合作，开发模拟人脑的复杂神经网络。

（3）在学习融合方面

机器学习技术的发展与应用，将使银行网点的智能设备与系统具备持续学习与自我进化能力，从而使银行网点通过持续为客户提供人性化、个性化的优质产品与服务，赢得客户的认可与信任。

交通银行：拓展 AI 多元化金融场景

目前，国内银行在智能客服、反欺诈、语音数据挖掘、客户身份识别、金融预测、智慧机器人等人工智能应用方面已经取得了初步成果。作为一个具有百年文化底蕴的民族金融品牌，交通银行积极引进人工智能技术，拓展多元化的智慧金融场景，为金融机构创新提供了宝贵的经验。

1. 构建内外部数据整合平台

交通银行建立了强大的信息整合平台，整合内外部的海量优质数据资源，在此基础上，逐渐打造了高效运行、技术赋能的综合性大数据服务平台。

在这种背景下，交通银行实现了社交、电商、移动网络和金融服务的无缝对接，对推进大数据搜集、存储、分析及应用产生了巨大推力。此外，交通银行还建立了系统化、精细化的客户信息分析和建模应用平台，能够极大地促进其对客户需求的发掘与满足能力。

2. 深入研究人工智能核心技术

交通银行基于大数据平台研究成果，利用语音识别、语义处理、机器学习、专家系统、生物识别等人工智能核心技术，开展数据跨界融合和深度挖掘研究，并推动大数据平台功能和模型的优化完善。

客户画像描绘、精准营销、智能投顾、需求发掘是"智能＋金融"的主流应用场景，交通银行在这些方面投入了大量资源，力争为客户提供智能化、定制化的优质金融产品与服务。

3. 积极拓展人工智能应用场景

具体包括以下五大领域。

（1）客服

交通银行早在 2013 年便引进智能客服。对交通银行而言，智能客服并非要完全取代人工客服，而是人工客服的有益补充，它可以应用语音识别、声纹识别等生物识别技术提高客户服务质量、助力精准个性营销，高效便捷地为客户解答各种问题，并大幅度降低人工客服的工作负担。目前，交通行业在网银、网店机器人、手机客户端、微信公众号等多个渠道应用了智能客服。

（2）生物识别

交通银行于2014年6月上线生物识别身份认证平台，成为国内率先应用生物识别技术的银行之一。目前，交通银行已经在发卡机、ITM机、智能柜等诸多设备上应用了人工智能技术，这有助于客户信息的全面获取，并实现精准营销。

（3）网点机器人

交通银行智能客服机器人"娇娇"利用语音识别、触摸交互、肢体语言等方式，为客户提供业务查询、业务引导等服务。同时，"娇娇"还能唱歌、讲笑话、预报天气，为等待办理业务的客人带来快乐。

（4）智能投顾

交通银行基于资本资产定价模型、现代资产组合理论、丰富的资产管理经验，利用人工智能技术建立了智能财富管理系统，可以为目标客户提供高效便捷的智能投顾服务。

（5）智能风控

交通银行整合内外部数据资源描绘客户画像，并运用机器学习技术建立风控模型，这样能够助力高效、稳定地进行金融风险识别、防范，增强贷前风险评估及贷后风险应对能力。

整体来看，距离人工智能金融产品的大规模推广普及尚有较长的一段路要走，但这并不影响它对推动银行转型升级的强大驱动作用。未来，国内各大银行应该积极对国内外的人工智能应用案例进行总结借鉴，加强核心技术研发和人才团队建设，携手合作伙伴共建数据生态圈；推动金融业务和服务流程创新，促进行业提质增效，满足广大民众日益多元化、个性化的金融需求。

第20章
保险科技：重塑传统保险产业新格局

科技驱动的保险销售渠道变革

我国的保险行业自兴起开始一直处于低速发展的阶段。直至改革开放后，我国保险业开始快速发展，并实现了从人工作业到信息化的转变，行业内各领域也开始集中发展，这便为我国保险科技的诞生和发展提供了条件。

近年来，我国信息技术得到了快速发展和升级，并逐渐向保险领域渗透，我国保险业也抓住机遇，加强对信息技术的运用，不断研发和创新保险业的关键技术，并积极运用保险科技来变革业务流程、创新发展模式，推动保险公司由资本驱动型向科技驱动型转变。此外，保险业通过大规模的数据分析来了解消费者个性化、规模化的保障需求，利用信息技术研发新的保险产品，打造保险业智能化、高效化发展的生态圈。

保险科技对我国保险业发展的驱动作用是无可比拟的。从保险经营管理角度分析，保险科技在表层的保险产品和营销渠道、中层的业务流程和运行模式以及底层架构和经营理念三个层面带来了深刻变革。

随着保险科技的发展和应用，保险行业的营销理念和营销模式开始发生变革，客户需求逐渐代替保险产品成为保险营销的主导因素，同时，保险公司利用保险科技不断拓展新的营销渠道，提升保险营销效率。其中，主要的技术包括大数据、区块链、人工智能等。

1. 基于大数据的精准营销

保险大数据能够对保险业内部和外部所有相关数据进行收集和整合，形成保险业大数据库，以驱动保险业的发展。

保险公司通过对相关数据进行综合分析，明确消费者的保障需求和购买偏好，并据此制定科学的、全渠道可触达的营销策略，实现个性化、精细化的保险产品营销。此外，保险公司还可以通过对保险大数据的分析来评估营销效果，并根据市场行情和消费者需求的变化不断调整和优化营销策略，实现数据驱动的营销管理。

2. 基于区块链的保险产品在线分销

区块链技术与保险业的融合能够实现海量保险数据的分布式存储，从而实现保险产品的在线分销。

区块链技术具备去中心化、数据不可篡改、安全性、共享性等特征，保险数据会存储在区块链的各个节点上，并且通过非对称加密对数据进行加密，从而可以实现数据的安全共享。在这一前提下，保险公司可以创建基于区块链的数字资产交易和转让平台，这一平台可以准确、及时地结算保险产品的分销费用，从而提升保险产品营销效率。

3. 基于人工智能的销售辅助

人工智能技术的应用可以促进保险销售流程的自动化与智能化，实现保险销售的降本增效。

人工智能技术具备强大的学习能力，它可以结合专业知识库的销售理论、保险市场的变化以及保险公司的经营特点，辅助业务员进行保险产品的营销。此外，保险公司也可以将人工智能技术应用于业务员管理工作中，可以有效解决因人员流动性大而产生的管理难题，提升保险公司在人力资源管理方面的效率。

AI在保险科技领域的应用实践

目前，许多保险企业正在积极探索人工智能在保险交易过程中的应用，以期利用人工智能提高交易成功的概率。保险公司还能利用人工智能促进信息的快速、准确传播，并提高信息使用的安全性。此外，互联网保险技术平台也在积极探索如何利用人工智能为客户提供定制化保险方案，旨在围绕用户的实际需求为其提供更具针对性的保险服务，并通过这种方式提升效率，同时达到节约成本的目的。

人工智能技术在保险产品设计和定价等场景中具有广阔应用前景，将推动保险业开启一场前所未有的产业革命。人工智能将在保险业实现应用落地，并渗透到公司运作的各个环节中，具体如产品开发、核保理赔、产品营销、售后服务等，促使保险行业对传统运营模式进行改革。

目前，一些保险公司利用数据分析设置保险产品的价格，推出定制化保险。举例来说，保险公司进行车险推广的过程中，要收集客户的年龄、性别、职业、文化背景、过往行车记录等数据，而不同客户的情况是不同的。传统该模式下，分析人员给出的结果比较笼统，一般不针对个别用户，基于大数据的应用，则能够制定出具有针对性的风控方案，还能根据客户需求实现定制。以新型UBI车险方案为例，该方案在设置保费时就考虑到了客户本身的驾驶行为，在进行数据获取与分析的基础上综合进行产品定价。

基于大数据、人工智能等技术，保险公司可以用较低的成本快速获取海量的客户数据信息，并在此基础上识别客户风险、对保单进行动态定价、开发个性化的保险产品等。

基于生物特征识别技术的智能核保，能够让保险公司提高核保效率与质量。同时，保险公司通过开展大规模数据训练，可以对客户进行自动分类并评估其潜在风险。此外，保险公司可以利用智能客服和客户实时交流，有效降低经营成本，提高用户体验。

传统理赔流程烦琐复杂，需要经过多个人工处理环节，占用较高人力成本的同时，也给用户体验带来了较大的负面影响。而智能理赔将理赔从传统的劳动密集型作业转变为以人工智能技术为核心的技术密集型作业，能够大幅度简化理赔流程。

此外，保险公司利用机器识别进行保险核赔，能够提高理赔业务的安全性。比如，在车险智能理赔应用中，保险机构可以利用图像识别、机器学习、声纹识别等技术，为客户提供一站式理赔解决方案（主要包括快速核身、精准识别、一键定损、自动定价、科学推荐、智能支付六大环节），而且能有效解决传统理赔模式存在的骗保、理赔成本高、赔付纠纷等诸多问题。

以往，有骗保意图的用户会从网络上搜索相似图片，并提交给不同保险公司要求理赔。如今，针对一些保险索赔业务，保险公司能够利用先进技术对客户提交的图片与系统中存储的图片进行对比，从而判定图片的真实性，避免客户盗用他人图片。

另外，保险公司还能根据客户的信用记录对其索赔行为的真实性进行评估，在人工未参与的情况下就能快速完成服务提供。除此之外，保险公司还能利用技术改进业务流程，提高交易成功率。现阶段下，已经有部分互联网企业与信息平台在积极开发科技业务。

在这方面，众安保险创建了自己的科技公司，致力于研究以大数据、人工智能、区块链为代表的先进技术，搭建独立的区块链开放平台，并开发智能投资顾问产品，在医疗健康领域与金融领域展开先导布局。

大数据在保险行业的应用场景

保险行业既会产生大量数据，又对数据有着较强依赖，因此对大数据技术拥有极高的契合度。在数据应用方面，保险产品的定价、业务营销、日常管理以及风险预测等都离不开数据的支持。具体来看，大数据在保险行业的应用主要聚焦于以下几个场景，如图20-1所示。

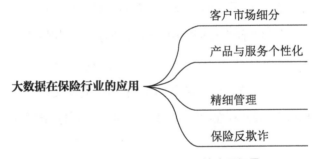

图20-1　大数据在保险行业的应用场景

1. 应用场景1：客户市场细分

保险公司不仅需要收集客户的基本信息，例如性别、年龄、职业等，还要收集一些外部数据，例如客户在互联网中的社交数据、行为数据等。保险公司通过对这些数据进行深度分析，可以对客户需求做出精准预测，有针对性地为其推荐产品，实现精准营销，还可以挖掘潜在客户，对保险市场进行细分等。

在大数据时代，传统的面向所有用户群体发布广告的营销模式不再适用，保险企业开始对客户群体进行细分，对用户的行为数据、意图数据进行深入挖掘，了解用户对产品的真实需求，为其推荐合适的产品，以开展精准营销。例如，保险企业可以为经常出差的客户推荐健康险、意外险，为经常外出旅行的客户推荐旅游险、意外险，为有孩子的客户推荐教育险、儿童健康险等。

相较于信息群发、大范围铺设广告等营销方式来说，精准营销不仅可以降低保险公司的营销成本，而且可以提高客户的接受度，提高成交率。

2. 应用场景2：产品与服务个性化

保险公司通常根据保险市场的需求来开发新产品、新服务，或者根据市场需求对现有的保险产品与服务进行重新组合，以满足市场发展需求。在大数据时代，保险公司可以通过多种渠道收集客户需求，对客户需求进行深入挖掘，同时辅之以与承保标的风险有关的数据对可能面临的损失进行预测，能够开发出适用于不同客户群体的产品与服务。

此外，大数据在保险客户服务领域的应用，能够大幅节约保险公司的时间、成本和资源，如此一来，保险公司便能够优化资源配置、完善服务体系，将更多的精力投入到客户服务上来，为客户提供人性化、个性化、细致入微的服务体验，如精准理赔、快速理赔等，如此既能增强现有客户的黏性，又能为公司建立良好的口碑，从而吸引更多的潜在客户，实现保险公司的可持续发展。

3. 应用场景3：精细管理

保险公司的运营管理既包含对内的组织架构、业务流程等的管理，也包括对外部客户及外包服务的管理。

大数据技术的应用能够实现高效的、精细化的管理。在对内管理方面，大数据技术可以应用于制定决策、部署工作、解决问题、员工工作等各个环节，实现内部运营全流程、全环节的实时动态监管。在对外管理方面，保险公司可以借助大数据技术，基于客户的收入、工作种类、工作环境、身体状况、保障需求等信息对客户进行分类，并对不同的客户群体采取不同的管理行为；另外根据不同的保险业务适当选取外包公司，从而实现精细化管理。

4.应用场景4：保险反欺诈

保险公司可以利用大数据技术提高反欺诈能力，防止保险诈骗等行为的发生。保险诈骗的诱因主要是保险公司与客户信息不对称，而大数据的应用可以提高各项信息的公开度与透明度，减弱信息不对称现象，帮助保险公司更好地抵御诈骗风险，降低赔付成本，维护自身的正当权益。

在传统的反欺诈模式下，因为保险行业尚未形成统一的信息共享平台，内部协作机制不完善，所以保险公司判断是否存在保险欺诈主要依靠理赔人员的个人经验，辅之以一些固定的审核指标。随着大数据技术在该领域的广泛应用，保险公司不仅可以掌握大量数据信息，而且可以对这些数据信息进行深入挖掘与处理，对交易背后的欺诈风险做出精准判断，降低对个人能力的依赖，切实提高反欺诈能力，更好地维护自身的利益。

区块链在保险领域的应用优势

区块链技术应用于保险业中，可以在保护数据隐私安全的前提下实现信息共享，从而能够创建有效的信任机制，从本质上解决保险公司与客户之间相互不信任的问题。解决这一问题涉及的技术包括分布式账本、非对称加密和授权技术、智能合约等，其中，每项技术都发挥着各自的作用。

区块链技术应用于保险业中，要首先明确各项保险业务环节的特征，再结合自身的特性和优势进行针对性赋能，实现区块链与保险业的高度契合，以化解传统保险业的难题。具体而言，主要表现在以下两方面，如图 20-2 所示。

图20-2　区块链在保险领域的应用优势

1. 解决保险中的信任机制问题

分布式账本能够实现客户信息的分布式存储，即区块链的各个节点都存储着完整的真实数据，这样既能保证数据开放共享，又能保证数据不被篡改，从而保证数据的可靠性，有效避免欺诈现象。

非对称加密和授权技术使得区块链上的数据是高度加密的，相关人员只有获得授权才能进行数据访问，这便能够有效化解身份唯一性的问题。此外，非对称加密技术会涉及两个密钥，即公钥和私钥，数据的加密和解密过程分别对应两个密钥，这能够有效避免信息泄露和数据篡改问题。

智能合约能够在无须第三方监督的情况下实现可信交易。保险公司可以以智能合约的形式来制定保险合同，并提前在智能合约中设置好相应规则和条款，智能合约可以根据实时变化的外部数据进行判断，当外部条件达到执行条件时，智能合约会自动执行，这样可以有效避免人工操作带来的差错或恶意欺诈行为，提升保险效率。智能合约在理赔场景中应用最为广泛。

2. 有效提升保险运营效率

区块链技术应用于保险业务中，能够充分发挥其去中心化的优势，并结合共识机制使得保险业运营成本得到显著降低，同时提升保险业运营效率。

传统保险理赔涉及的流程极为烦琐，完成理赔的时间跨度长，且经常存在理赔审核不通过的情况，从而出现少赔或不赔的情况。基于区块链的保险能够充分发挥智能合约、共识机制的优势，在区块链系统中设置理赔的标准值，当外界环境的数据达到这一标准值时，区块链保险会自动执行理赔，提升理赔效率，保障客户权益。

传统保险业通常存在中心化的特点，保险公司通常会聚焦保险资金的管理，在保险产品设计方面却敷衍了事。同时，保险公司能够获取丰厚的利润，并且大部分利润被用于投资理财，很少一部分用于理赔。区块链技术应用于保险行业中，能够实现去中心化，从而解决保险资金分配不均的问题。

去中心化的特征使得区块链上所有节点都具有平等的权利和义务，并且所有节点可以自由连接，任意节点之间都可以自由地进行信息共享和交换，而不需要第三方中心机构干预，这样能够保证交易行为产生时，区块链各个节点的数据能够同步更新和记录，实现"交易即结算"，大幅提升保险公司执行合约的效率，同时能够大幅降低交易成本，进而帮助保险公司降低合约执行、公司运行以及管理服务方面的成本。

共识机制通过多个特殊节点的投票，能够在短时间内完成交易认证，从而能够显著提升合约执行的效率。此外，区块链可以提供多种共识机制，这便能够大幅降低合约执行成本。

基于区块链的保险业务流程重塑

区块链技术实际上是一种共享式数据分布存储技术，其有两个核心特征，即去中心化和数据不可篡改，这能够有效保证区块链数据的真实性与可靠性，从而能够使互不相识的两个或多个主体之间建立起良好的信任关系。此外，区块链还具有开放性、独立性、匿名性的特征，这些特征恰好可以满足当代保险业发展的需求，能够解决传统保险业的信用机制问题，为反欺诈提供技术基础。曾有保险业界人士称，保险业是区块链技术最具应用前景的行业之一，这也意味着区块链与保险业深度融合是必然趋势。

现阶段，区块链主要在保险业的产品、营销、承保、理赔、风控领域应用较为深入，并且已经实现了个人健康数据上链、建立保险反欺诈平台以及解决养殖保险标的唯一性问题等应用场景。

区块链技术应用于保险业中，能够有效解决信息不对称问题，从而降低信任风险，提升保险业经营效率。可以说，区块链技术既是保险业的信任工具，又是其重要的基础设施。现阶段，很多保险公司已经将区块链技术应用于保险业务流程中，主要涉及产品、营销、承保、理赔和风控环节（如图20-3所示），并持续推动区块链与保险业务流程的深度融合。

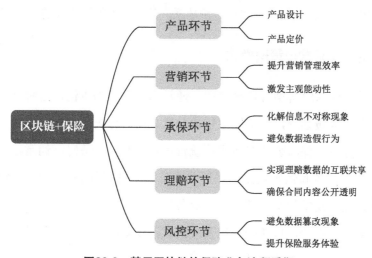

图20-3　基于区块链的保险业务流程重塑

1. 实现保险产品的合理定价

区块链技术应用于产品环节，主要在产品设计和产品定价方面起作用。在产品设计方面，传统保险业在设计产品时会面临客户数据贫乏的问题，主要原因还是客户和保险公司间相互不信任，区块链技术则可以很好地化解这一问题。一方面，区块链的分布式存储和非对称加密能够有效保证客户信息的安全，客户信息既不会泄露，也不会被篡改，这样可以提升客户对保险公司的信任，从而自愿将个人信息授权给保险公司使用；另一方面，保险公司也可以毫无顾虑地与行业内外其他公司进行数据共享，从而提升行业间数据的流通性，进而有效扩充保险业的数据资源，并为其提供一个安全系数极高的数据储存系统。此外，区块链能够对客户信息进行深入分析，精准掌握客户的个性化保障需求，从而基于海量客户信息设计和研发个性化保险产品。

在产品定价方面，区块链技术的共识机制、智能合约等工具能够实现多个流程的自动化执行，比如资料审查、理赔等，同时能够省去很多中间环节，这样可以有效降低各个环节的操作成本，从而降低产品费率。此外，区块链还可以结合大数据技术优化定价体系，从而实现保险产品的合理定价。

2. 变革保险营销管理模式

在传统的保险营销管理模式中，通常以总公司为本位，这种管理模式具有严格的等级划分，自上而下依次是总公司、分公司、基层机构、业务团队、业务员。保险公司在按照传统营销模式开展业务时，通常由总公司下达销售总任务和销售政策，然后各个阶层再进行任务分配并具体执行，这个过程还涉及销售费用的配置、财务核算等工作，工作量较大且工作过程较为复杂。因此，传统的营销管理模式不仅效率低下，而且销售管理的成本较高，不利于保险业的持续发展。

区块链技术应用于营销环节，能够深入变革营销管理模式，全面提升营销效率。区块链技术的应用，将会摆脱传统以总公司为本位、自上而下的管理方式，转变为以销售终端和销售人员为核心、由内而外扩散营销状况的营销管理方式，这种方式不仅可以提升保险公司的营销管理效率，而且能够有效激发销售人员的主观能动性，从而为保险公司创造更多价值。此外，智能合约能够助力保险公司高效、精准地执行保险合同，从而进一步提升管理效率。

3. 搭建可靠高效的承保机制

在传统保险业中，保险公司在承保时常常会因信息不对称、客户数据造假而遭遇欺诈行为，从而给保险公司带来不必要的损失。区块链技术应用于承保环节，能够有效化解信息不对称问题，且能够避免客户的数据造假行为，从而降低欺诈风险。

保险公司可以创建基于区块链技术的信息共享平台，并将所有投保信息存储在区块链上，使得投保信息具有可溯源和不可篡改的特性，大幅提升信息的准确性与真实性，避免欺诈行为，从而重构保险公司与客户之间的信任关系，并搭建起一个更加透明和安全的、可信任的高效承保机制，实现保险业的可持续发展。

以健康险承保为例，保险公司可以与医院、药店等主体展开合作，依托信息共享平台实时获取投保人和被保险人的身体健康状况信息，并实时获取客户的健康数据，同时要基于区块链技术建立所有参与方之间良好的信任关系，从而有效节约核查成本，同时可以降低欺诈风险。

4. 促进理赔业务降本增效

传统的理赔管理环节通常会涉及烦琐的数据核查工作，不仅核查流程烦琐，且涉及的数据较为复杂，极大地降低了理赔效率。

区块链技术应用于理赔环节，可以将所有理赔相关数据上链，包括被保险人的行为习惯、从事行业、健康信息等，实现理赔数据的互联共享，保证理赔数据的真实性与可靠性，从而节省理赔的核实成本。此外，智能合约形式的保险合同能够确保合同内容公开透明，同时智能合约可以按照事先设定好的条款进行数据比对，当外界数据达到理赔条件时，智能合约会自动执行理赔，有效避免保险公司与客户的理赔纠纷，从而实现理赔环节的降本增效。

5.打破保险行业的数据壁垒

保险是风险管理和控制的基本手段，而现阶段，我国各领域的风险信息分布较为零散，各保险公司之间的风险信息相对独立，信息孤岛现象严重，难以实现信息共享，从而导致保险公司与投保人之间出现严重的信息不对称现象，不利于保险公司的风险管理。

区块链技术应用于风控领域，能够实现数据安全共享，从而提升保险公司的风险识别能力和风险管控能力。分布式存储技术能够在区块链各个节点进行所有数据的同步存储，并且当数据发生变化时各个节点都会记录这一变化，数据透明性增强，这样可以有效避免数据篡改现象，保证数据的安全性与可靠性。非对称加密技术可以对存储于区块链的数据进行不对称的加密，即加密和解密涉及两个不同的密钥，有效避免数据泄露问题，同时进一步降低数据篡改风险，从而大幅提升数据的安全性。

区块链技术的应用能够在保证数据安全的基础上，实现数据的互联共享，从而降低欺诈风险，提升风险管控能力，同时提升客户的保险服务体验，实现保险公司的可持续发展。

现阶段，我国保险业正积极探索区块链的应用，并在再保险、个人保险、农业保险领域取得了优异的成绩。很多保险公司开展合作，协同创建基于区块链的保险反欺诈联盟，通过数据动态共享来提升各参与主体的反欺诈能力和风控能力。未来，我国保险业必将与区块链实现深度融合，届时，我国各保险公司将实现商业模式的深化变革，客户的保险服务体验将实现跨越式升级，区块链保险也将实现飞跃式发展。